ONLINE GELD VERDIENEN DURCH T-SHIRTS

- Dein Ticket in die finanzielle Freiheit 2019

(Passives Einkommen durch Online Marketing)

APO SVALLEY

Erste Auflage 2018

Design: Abdullah Gül
Cover Credits: Abdullah Gül

Disclaimer

Die Inhalte des Werkes wurden sorgfältig und nach bestem Gewissen erstellt. Alle Quellen und Studien, die zur Erstellung dieses Buches herangezogen wurden, wurden vorher ausgiebig überprüft und für qualitativ hochwertig befunden. Der Verlag und der Autor können weder Haftung für Personen-, Sach- noch Vermögensschäden übernehmen. Beachten Sie, dass der Inhalt dieses Werkes auf der persönlichen Meinung des Autors basiert, dem Unterhaltungszweck dient und nicht mit Unternehmensberatung gleichgesetzt werden darf. Gleichwohl kann für die Aktualität, Vollständigkeit und Richtigkeit der Informationen keine Gewähr übernommen werden. Dieses Buch enthält Verknüpfungen zu Inhalten Dritter (sog. «externe Links»). Da wir auf solche Inhalte keinen Einfluss haben, kann für die fremden Inhalte keine Gewähr übernommen werden. Für die Inhalte und die Richtigkeit der Informationen ist stets der jeweilige Informationsanbieter der verlinkten Webseite verantwortlich. Alle zur Verfügung gestellten Informationen (alle Gedanken, Prognosen, Kommentare, Hinweise, Ratschläge etc.) dienen allein der Bildung und der privaten Unterhaltung. Eine Haftung für die Richtigkeit kann in jedem Einzelfall trotzdem nicht übernommen werden. Sollten die Leser dieses Werkes sich die angebotenen Inhalte zu eigen machen oder Ratschlägen folgen, so handeln sie eigenverantwortlich (Angaben gemäß §34b WpHG).

Dieses Buch ist allen Menschen gewidmet, die visionär genug sind, um die enormen Chancen zu erkennen, die uns in diesem neuen digitalen Zeitalter geboten werden. Und an diejenigen, die mutig genug sind, Glück nicht nur in ihrem persönlichen Leben anzustreben, sondern auch in ihren Finanzen.

INHALTSVERZEICHNIS

Online Geld verdienen durch T-Shirts:

- Dein Ticket in die finanzielle Freiheit 2019

BEGRIFFSERKLÄRUNGEN

Das folgende Werk enthält fachspezifische Online Marketing Begriffe. Um die volle Verständlichkeit des Werkes zu garantieren, lese bitte für einen kurzen Moment folgende Definitionen durch. Sobald du dich im Laufe des Buches intensiver mit der Thematik befasst, werden dir viele Begriffe als selbstverständlich vorkommen.

CONVERSION

Grundlegend definiert „Conversion" eine bestimmte Aktion, welche vom Kunden durchgeführt wird. Hierzu zählen beispielsweise Käufe, Anmeldungen, oder Webseitenklicks. Im E-Commerce wird der Ausdruck „Conversion" häufig verwendet, sobald Webseiten-Besucher zu zahlenden Kunden konvertiert werden.

CPC (cost per click)

Der „CPC Wert" beschreibt die Kosten pro getätigtem Klick auf eine Werbeanzeige.

CPO (cost per order)

Der „CPO" Wert wird verwendet, um die Kosten zu ermitteln, welche für die erfolgreiche Akquise eines Kunden (=Bestellung) aufgewendet wurden. Dieser Wert wird errechnet, indem die Gesamtkosten einer Marketingkampagne durch die Anzahl der erhaltenen Bestellungen dividiert wird.

CPM (cost per „mille" = cost per thousand impressions)

Viele Online-Anzeigen werden auf Basis der „CPM" abgerechnet. CPM beschreibt hierbei die Kosten für 1000 Impressionen. Sobald eine Werbeanzeige beispielsweise zum Preis von 10 € an 1000 Leute ausgeliefert wird, beträgt der Tausenderpreis 10 €.

CTR (click-through-rate)

Die „click-through-rate" ist das Verhältnis von Nutzern, die auf einen bestimmten Link klicken, zu der Gesamtanzahl der Nutzer, der diese Werbeanzeige angezeigt wurde. Dieser Wert wird häufig verwendet, um den Erfolg einer Online-Werbekampagne für eine bestimmte Webseite sowie die Effektivität der Kampagne zu messen.

CUSTOMER LIFETIME VALUE

Der „Customer Lifetime Value" gibt an, welchen Betrag ein Kunde über die gesamte Zeit seiner Kundschaft für ein Unternehmen einbringt.

DROPSHIPPING

„Dropshipping" ist ein Geschäftsmodell, bei dem ein Shop Produkte zum Kauf anbietet. Der Shop-Besitzer selbst hält die angebotene Ware nicht vorrätig und ist nicht der direkte Lieferant. Sobald ein Produkt bestellt wird, wird das Produkt von einer dritten Instanz produziert und versendet. Die Lieferung erfolgt dann durch die dritte Instanz, jedoch unter dem Namen des Shops, in dem der Einkauf getätigt wurde.

FACEBOOK ADS

„Facebook Ads" ist ein von Facebook bereitgestellter Werbedienst, welcher basierend auf Nutzeraktivitäten allen Facebook-Nutzern und Online Marketern demografische Informationen, Informationen zur Verwendung von Geräten und Informationen zu Aktivitäten außerhalb von Facebook bereitstellt.

GOOGLE AD WORDS

„AdWords" (Google AdWords) ist ein Werbedienst von Google für Unternehmen, die Anzeigen bei Google und ihrem Werbenetzwerk schalten möchten. Mit dem AdWords-Programm legen Unternehmen ein Budget für Werbung fest. Der Anzeigenservice ist weitgehend auf Keywords und Nutzerstatistik ausgerichtet.

POD (PRINT ON DEMAND)

„Print-on-Demand" ist eine Drucktechnologie und ein Geschäftsprozess, bei dem T-Shirts (oder andere Artikel) erst gedruckt werden, sobald das Unternehmen eine Bestellung vom Auftraggeber erhält. Print-on-Demand konnte sich erst nach dem Beginn des Digitaldrucks entwickeln, da es zuvor wirtschaftlich nicht profitabel war, einzelne Artikel mit herkömmlichen Drucktechnologien zu drucken.

SKALIERUNG

Im Vergleich zu lokalen Unternehmen besitzen Online Shops das Privileg, keine Einschränkung an Besuchern und Kunden zu haben. Außerdem haben sie keine Einschränkungen im Hinblick auf Verkaufstage sowie Öffnungszeiten. Der Begriff „Skalierung" beschreibt hierbei die direkte Proportionalität zwischen Marketingausgaben und generierten Kunden. Durch richtige Skalierungsmethoden erhöht ein Online-Shop Besitzer somit seine Marketingausgaben und zeitgleich sein Gewinn.

SOCIAL MEDIA MARKETING

„Social Media Marketing" ist die Nutzung von Social Media Plattformen und Webseiten, um ein Produkt oder eine Dienstleistung online zu bewerben.

WEBSEITEN TRAFFIC

„Webseiten-Traffic" wurde zunächst als wichtigste Messgröße für die Erfolgsmessung im Web angesehen. Web-Traffic ist die Menge an Daten, die von Besuchern einer Webseite gesendet und empfangen werden.

1 EINLEITUNG

BUSINESS PLAN

1 EINLEITUNG

Ein warmer Montagnachmittag in München. Ich scrolle durch die Businessbücher, welche auf Amazon gelistet werden und das Resultat schockiert mich. Einer Sache bin ich mir sicher: Der deutsche Online Marketing Markt benötigt nicht nur ein weiteres Buch über den Verkauf von T-Shirts, sondern viel mehr eine Schritt für Schritt Anleitung, sodass sich Anfänger ihr erstes profitables E-Commerce Unternehmen mit so wenig Risiko und Zeitaufwand wie möglich aufbauen können. Vielleicht besitzt du bis dato keine Erfahrung im E-Commerce und dir kommt die Tatsache ungewöhnlich vor, dass Menschen aus ihrem Wohnzimmer innerhalb weniger Wochen ein Unternehmen aufbauen können, welches fünfstellige Umsätze im Monat generiert ohne zuvor einen einzigen Cent (!) in Inventar und Lagerkosten investiert zu haben. Ich kann deine Sorge vollkommen nachvollziehen.

Als ich das erste Mal über die Geschäftsmöglichkeiten im E-Commerce hörte, befand ich mich in einer Zeit in meinem Leben, in der ich viele verschiedene Länder bereiste und stets meine letzten Euros zum Überleben zusammenkratzte. Ich weigerte mich eine Zeit lang, meinen Lebenslauf abzusenden, da ich jeden Monat eine neue Beschäftigung in einem anderen Land ausübte. Beispiele hierfür sind unter anderem Weihnachtsmarktverkäufer an der französischen Grenze, Partypromoter auf Mallorca, Minenarbeiter in Sydney, uvm. Eines Tages nahm ich ein Buch in die Hand, welches von MJ DeMarco geschrieben wurde. Der prollige Name „The Millionaire Fastlane" sprach mich während meiner jahrelangen Geldsorgen an. Ich saugte innerhalb weniger Stunden dieses Buch wortwörtlich auf. In einem Kapitel redet Herr DeMarco über eine Geschäftsmöglichkeit, welche bezüglich Einkommen grenzenlos skaliert werden kann und aus diesem Grund sehr vielen Menschen die finanzielle Freiheit schenkte: E-Commerce (= Onlinehandel) – Die goldene Ära des Internets. Dies war meine erste Begegnung mit einer Thematik, welche mir die folgenden Jahre sowohl traurige Tage, als auch großartige Zeiten, Möglichkeiten und Lektionen bescherte.

Bevor wir über die beste Geschäftsmöglichkeit für Anfänger und auch fortgeschrittene Marketer reden, welche sich einen monatlichen Verdienst von ca. 3000 € oder mehr aufbauen möchten, möchte ich dir zwei Lektionen mit auf den Weg geben.

Lektion #1: Online Marketing, E-Commerce und Unternehmertum ist besonders in den Anfangszeiten für viele Menschen sehr schwierig! Ich habe mich oftmals selbst gefragt, wieso ich mir die ganzen Sorgen überhaupt antue. Dich erwarten Zeiten, die all deine Erwartungen positiv sprengen, doch zeitgleich erwarten dich auch Tage, an denen keine deiner Ziele nach Plan laufen. Du musst dich vor Beginn deiner Tätigkeit bereits mental darauf einstellen, dass Höhen und auch Tiefen auf dich zukommen werden. In den ersten Monaten erzielte ich innerhalb von einer Fitness-Trainingseinheit von zwei Stunden einen Gewinn von über 250 €. Zeitgleich wusste ich: Es werden Tage und Wochen folgen, an denen ich diese Zahlen nicht sehen werde. So lernte ich jeden Tag neue Lektionen und veröffentlichte weiterhin Produkte, selbst wenn kein Unternehmen nach Plan lief. Auf Regen folgt Sonnenschein und so verbesserte ich mich von Tag zu Tag. Ich bin kein Genie – ich bin nur ein Mann, der alle möglichen Fehler gemacht hat, die du dir überhaupt vorstellen kannst und stets nicht aufgegeben hat. Aus diesem Grund habe ich volles Verständnis dafür, dass

Menschen anfangs Schwierigkeiten aufweisen. Mein Respekt gebührt all den Personen, die unter den schwierigsten Bedingungen stets nicht aufgeben und weiter arbeiten, bis sie Erfolge und Gewinne auf konstanter Basis erzielen.

Stell dir folgendes Szenario vor: Du packst deine Tasche und machst dich auf die Reise, einen riesigen Berg zu besteigen. Der Weg nach oben ist jedoch mit Hindernissen vollgepackt. Oftmals siehst du für eine kurze Zeit die Spitze, welche anschließend wieder von Wolken bedeckt sein wird. Du kletterst weiter nach oben. Tage vergehen - Wochen vergehen - Monate vergehen. Du erreichst dein Ziel. Dein Ziel nennt sich finanzielle Freiheit. Du verstehst von nun an das Prinzip hinter Online Marketing, welche im Moment die einfachste Möglichkeit für finanzielle Freiheit ist. Ein Muster bildet sich: Du lernst zu erkennen, auf welche Erfolgs- und Marketingfaktoren es ankommt. Deine Kunden tätigen mehr Käufe und dein Umsatz steigert sich von Woche zu Woche. Sobald du die Grundprinzipien hinter E-Commerce verstehst, rollt der Ball von alleine. Somit besitzt du nicht nur eine finanzielle Freiheit, sondern viel wichtiger finanzielles Selbstvertrauen. Du könntest dein ganzes Vermögen verlieren. Du benötigst lediglich einen Laptop und eine Internetverbindung, um erneut ein profitables Unternehmen aufzubauen und dein Traumleben zu leben.

Lektion #2: Lohnt es sich? Absolut! Das E-Commerce Geschäftsmodell schenkt dir vollkommene finanzielle und örtliche Freiheit. Du kannst sowohl nachts von deinem Himmelsbett in Indonesien oder tagsüber am Strand von Thailand arbeiten! Du benötigst hierfür erneut lediglich einen Laptop und eine funktionierende Internetverbindung. Ich probierte viele Orte aus, doch entschied mich schlussendlich für ein Büro in München (Ich weiß, klingt langweilig!).

Was ich dennoch am Meisten wertschätze, ist die Tatsache, dass dein eigener Online-Shop dich in deiner aktuellen Situation unterstützt. Das zusätzliche Einkommen ist ein positiver Faktor für all die Ziele in deinem Leben. Wir leben auf einem wirtschaftlichen Planeten. Natürlich macht dich Geld allein nicht glücklich. Aber Geld ist wichtig. Geld ist notwendig. Hierbei ist es dir selbst überlassen, ob du den Umsatz deines Shops dafür nutzt, um dir ein profitables Nebeneinkommen aufzubauen, deine Hobbys zu finanzieren oder das Einkommen zu deiner Haupteinnahmequelle zu machen. Das Zepter der Entscheidung liegt in deiner Hand und ist abhängig von deinen Aktionen, deiner Bereitschaft und deiner investierten Zeit. Vergleiche dich nie mit anderen Menschen. Jeder Mensch befindet sich in einer individuellen Situation. Manche werden innerhalb der nächsten Tage den ersten Verkauf erzielen, manch andere hingegen erst innerhalb weniger Wochen.

„Wenn du der CEO eines Unternehmens bist, bist du der letzte Mann in der Verteidigung. Du hast keine Person, die du für Probleme in deinem Unternehmen beschuldigen kannst, denn du allein bist für alle Resultate zuständig." - Gary Vaynerchuck, Unternehmer

Die erste Lektion soll dich keineswegs entmutigen. Ich startete das Geschäft jedoch mit falschen Erwartungen und rechnete damit, mit einem wöchentlichen Arbeitsaufwand von 10 - 15 Stunden innerhalb weniger Monate ein passives Einkommen von 3000 € aufzubauen. Ging der Plan auf? Auf keinen Fall! Lag es an mir? Absolut!

Ich entschied mich dazu, dieses Buch zu schreiben, um meinen Lesern etwas zurückzugeben, was ich mir von Anfang an gewünscht hätte: Eine Anleitung, um meine E-Commerce Shops aufzubauen und mein Online-Einkommen zu steigern. Ich werde dir durch und durch unter die Arme greifen und dir die wichtigsten Lektionen für deinen Erfolg mitgeben. Doch denke daran: Ich kann dir die richtige Richtung zeigen, doch die Schritte musst du alleine gehen. Dir werden anfangs viele Sachen unverständlich vorkommen. Sobald du deine ersten Versuche startest, werden sich alle Puzzleteile in deinem Kopf zu einem wunderschönen Bild formen. Versuche aus diesem Grund schon parallel zum Lesen dieser Lektüre deinen ersten profitablen Online-Shop aufzubauen.

Sieh dieses Buch als ein persönliches Coaching. Wir sitzen in einem Café. Nur du und ich. Freundschaftlicher Ton. Und ich fange an, über ein Geschäftsmodell zu reden, welches dir komplett online deine ersten 3000 € monatlich und sogar noch mehr verschaffen kann. Du bist begeistert. Du machst dir Notizen. Und du wendest es direkt an. Dein Erfolg ist mein Erfolg! Für Fragen und Kritik stehe ich dir jederzeit unter info@aposvalley.de zur Verfügung. Genug des Smalltalks - lass uns nun mit unserer Unterhaltung über deine finanzielle Freiheit beginnen.

2 DAS GESCHÄFTSMODELL ZUR FINANZIELLEN FREIHEIT

Wir drehen die Zeit zurück. Meine ersten Verkäufe. Ich bin absolut begeistert. Was für ein unglaubliches Geschäftsmodell! Mein ganzes Unternehmen wird von einem Laptop aus gesteuert! Der Online Shop wird von einem Anbieter aus Amerika gehostet. Die Designs lasse ich von einer ziemlich hübschen Designerin aus Bulgarien anfertigen, welche ich später als Dankeschön auf einen Urlaub in Deutschland eingeladen habe. Die Shirts werden in Lettland gedruckt und zu meinem Endkunden in Deutschland und Österreich geliefert. Meine einzige Aufgabe ist das Kreieren von Produktideen und das Testen sowie Skalieren von Marketingkampagnen.

Du musst keine Produkte drucken, verpacken oder versenden. Deine einzige Aufgabe nach dem Verkauf eines Shirts ist das Zählen deines steigenden Umsatzes auf deinem Konto. Klingt prollig, entspricht jedoch der Wahrheit! Dies ist ein Geschäftsmodell, welches vollständig automatisiert die gewünschte Ware an deine Kunden liefert. Klingt zu gut, um wahr zu sein, stimmt's? Wir sprechen von einem Geschäft, welches ideal für jeden Anfänger und fortgeschrittenen Marketer ist, der mehrere tausend Euro generieren möchte!

Die Methoden, welche es uns ermöglichen, Geld zu verdienen, haben sich grundlegend verändert. Würde ich dieses Geschäftsmodel meinem Großvater erzählen, würde er mir entgegnen, dass ich nicht bei klarem Verstand sei. Manchmal vergessen wir, in was für einer großartigen und fortgeschrittenen Zeit wir leben. Das Internet ermöglicht uns in Dimensionen zu arbeiten, welche vor weniger als 20 Jahren noch nicht einmal existierten. Das Kreieren eines profitablen Geschäfts für den monatlichen Preis von einer Mahlzeit im Restaurant war schlichtweg nicht möglich und absurd. Sobald die Dunkelheit einbrach, war die Arbeitszeit für unsere Großeltern vorbei. Mittlerweile besitzen wir die Möglichkeit, jederzeit Umsätze zu generieren – aktiv und passiv - sowohl am Dienstagmorgen als auch am Sonntagabend. Dein Online-Shop ist jederzeit geöffnet und bereit, deine Hosentaschen mit Geld zu füllen und deinen Kunden automatisiert ihre Traumshirts zu versenden. Tatsächlich erzielte ich meinen ersten Verkauf im E-Commerce um 23:00 Uhr, während ich bereits schlief. Nachdem ich am Folgetag den kompletten Morgen im Fitnessstudio verbrachte (ein hoch auf meine Morgenroutine) und mir den Kopf zerbrach, wieso keine Verkäufe getätigt werden, hatte ich bereits einen Gewinn von 70 € erzielt. Ich realisierte dies erst zu Hause, als ich den Flugmodus meines Smartphones deaktivierte. Ich bin mir sicher, du kannst dir meine Reaktion auf den ersten Verkauf vorstellen.

Wochen später hatte ich ein ähnliches Erlebnis im Fitnessstudio. Ich trainierte mit Gewichten, als etliche Benachrichtigungen meinen Trainingsfokus unterbrachen. Ich erzielte während meiner zweistündigen Trainingseinheit einen Gewinn von über 200 €! Ich erzähle dir diese Geschichte nicht, um mein eigenes Ego zu loben. Ich möchte dich viel mehr dazu anregen, in größeren Dimensionen zu denken, was innerhalb der ersten Wochen dank dieses Geschäftsmodells möglich ist. Viele Mentoren reden nur über positive Zeiten. Ich möchte den Spieß umdrehen und dir von den Tagen und Wochen nach der 200 € Trainingseinheit erzählen. Es verlief schwer, schwerer als ich erwartet hatte! Ich arbeitete lange und hart, bevor ich solch ein Ereignis wieder erfuhr. Doch die Ergebnisse kamen zurück. Diesmal auf konstanter Basis. Und sie stiegen an.

„ONLY SKY'S THE LIMIT!"

- Der Grund, weshalb wir nach Online Unternehmen verrückt sind

3 ACHT GEHEIMNISSE FÜR DEINEN ONLINE-ERFOLG

GEHEIMNIS #1: Mindset und Informationen

Du hast bestimmt bereits mit diesem Geheimnis gerechnet, stimmt's? Dein Mindset, Gedanken und Handlungen sind für alle Resultate in deinem Leben verantwortlich. Der einzige Unterschied zwischen dir und einem millionenschweren E-Commerce Unternehmer ist die Qualität der Informationen im Bereich „Geld verdienen". Mein erster Online Marketing Mentor Tai Lopez erwähnte in einem Interview, dass bereits seine Mentoren ihm lehrten, wie er $30.000 an einem Tag verdiente. Heutzutage ist er im Stande, mit seinen Fähigkeiten, angelehrten Informationen und seinem Mindset über $100.000 pro Tag zu erzielen. Die gute Nachricht: Geld verdienen ist eine Fähigkeit, welche man sich aneignen und trainieren kann. Arnold

Schwarzenegger würde dies mit dem Trainieren eines Muskels vergleichen. Je öfter ein Muskel trainiert wird, desto stärker wird dieser im Laufe der Zeit anwachsen.

GEHEIMNIS #2: Nischen-Shop vs. allgemeiner Shop

Für welche Nische interessierst du dich? In welcher Nische möchtest du Designs veröffentlichen? Der große Vorteil des Nischen-Marketings besteht aus der Konzentration aller Marketingmaßnahmen auf einen kleinen, aber spezifischen und gut definierten Bevölkerungsanteil. Als Strategie zielt Nischenmarketing darauf ab, ein Hai in einem verhältnismäßig kleineren Teich, anstatt ein Fisch in einem großen Teich zu sein. Ein Nischenmarkt definiert die Teilmenge des gesamten Marktes, auf den sich ein bestimmtes Produkt oder ein Shop konzentriert. Im Laufe des Werkes erhältst du eine Liste von verschiedenen Nischenideen, welche du alle für deinen ersten Shop benutzen kannst. Einfache Beispiele hierfür sind Shops in der Hundenische, Katzennische, Golfnische oder Fußballnische. Unternischen sind zum Beispiel Hundearten, Katzenarten, usw. Für deinen ersten Shop ist besonders wichtig, dass du einen sogenannten „Laser-Fokus" auf eine spezifische Nische besitzt. Da du durch dein Interesse selbst ein Teil dieser Nische bist, kannst du dich leichter in die Situation deiner Kunden versetzen und abwägen, welche Shirts deinem Kunden gefallen oder nicht. Wähle daher nie eine Nische, für die du dich selbst nicht begeistern kannst.

Mein erster E-Commerce Shop war ein Hunde-Onlineshop. Obwohl ich selbst keinen Hund besitze, aber Hunde ausgesprochen liebe, sah ich das Potential in dieser Nische und dachte mir, ich habe eine Goldgrube entdeckt. In Gedanken lag ich bereits am Strand von Bali, während mein Einkommen sich Tag für Tag vermehrte. Wie du dir sicherlich denken kannst, hielt sich mein Erfolg in Grenzen. Glücklicherweise benötigte ich für den Aufbau, das Testen und das Schließen meines ersten Shops nur wenige Tage. (Die Werbeanzeigen und der Shop wären aufgrund der mangelnden Konkurrenz im deutschen Markt trotz der vielen Fehler dennoch profitabel gewesen. Doch ich schloss die Webseite zu früh. Dies erkannte ich erst Monate später, als ich meine ersten Werbeanzeigen analysierte.)

GEHEIMNIS #3: Nachgefragte Designs

Dein „Inventar" besteht einzig und allein aus Designs – kleine .png Dateien auf deinem Laptop. Startup-Gründer zahlen mehrere tausend Euros für Büros, Lagerhallen, Arbeiter und Material. Das Einzige, was du für dieses Geschäftsmodell benötigst, sind überzeugende und an deine Zielgruppe angepasste Designs. Du wirst daher auch den Großteil deiner Arbeitszeit in die Recherche und Entwicklung von neuen und ansprechenden Designs investieren.

GEHEIMNIS #4: Gewinne durch Online Marketing

Viele Wege führen nach Rom. Nach etlichen Jahren Erfahrung im Online Marketing kann ich aufgeregt verkünden, dass Facebook und Instagram Ads verhältnisweise sehr billig und konkurrenzlos sind. Diese Lektüre wird deine Zeit, welche du in das Lernen von Marketing investierst, erheblich verkürzen und kann dir somit sehr viel Lehrgeld ersparen. Außerdem wirst du durch diese Lektüre kein Geld in erfolglose Werbung investieren. Ich musste es auf die harte Weise lernen und investierte einen Großteil meines Ersparten planlos in profitlose Werbung.

In den folgenden Kapiteln wird oftmals zwischen organischer und bezahlter Reichweite unterschieden. Organische Reichweite ist kostenlos und entsteht durch Interaktionen mit beliebten Facebook-Beiträgen oder durch eine hohe Anzahl an Followern. Höchstwahrscheinlich besitzt du keine Facebook-Seite mit über 100.000 Followern und bist nicht bereit, dir monatelang eine solche Seite ohne Profit aufzubauen. Gute Nachrichten: Du lernst in den folgenden Kapiteln eine Marketingmethode kennen, welche dir ermöglicht, mit weniger als 10 Facebook-Likes Artikel zu verkaufen. Jemals von sicheren Anlagen geträumt? Ich kreierte vor wenigen Tagen eine bezahlte Werbeanzeige, welche mich durchschnittlich 6 € kostet, um einen Neukunden zu akquirieren, welcher 32 € an mich bezahlt. Die wahre Magie entsteht, wenn ich meinen Einsatz verzehnfache, verhundertfache oder gar vertausendfache. Monatlich 6.000 € investiertes Werbebudget kreiert somit einen Umsatz von 32.000 €. Klingt verrückt? Mit Hilfe von Skalier-Methoden lernst du im weiteren Verlauf des Werkes, wie du das tägliche Budget einer profitablen Werbeanzeige erhöhst und damit ein noch besseres Verhältnis kreierst.

Du benötigst anfangs kein hohes Kapital. Wir starten mit einem niedrigen täglichen Budget von 5 €, welches dir bereits innerhalb der ersten Stunden/Tage Verkäufe und Profit einbringen kann. Disclaimer: Obwohl ich schon über tausende Werbeanzeigen geschaltet habe, starte ich jede Werbeanzeige mit einem täglichen Budget von 5 € für 5 Tage. In diesen fünf Tagen verraten mir die Verkäufe und die erhobenen Daten, ob die Werbeanzeige profitabel bzw. das vermarktete Produkt nachgefragt ist.

GEHEIMNIS #5: Vertrauen auf Daten und Zahlen

Ich verließ mich anfangs auf mein Bauchgefühl an Stelle von Daten, Zahlen und Fakten. Vor wenigen Wochen sprach der CEO von „FlixBus" auf einer Internetmesse und betonte in seinem Vortrag zig Mal, wie wichtig Daten und Zahlen sind. Die ersten „FlixBusse" und deren Routen wurden ausgehend von Reisestatistiken und Reisedaten geplant. Erst daraufhin wurden die Busse gemietet und Touren angeboten.

Einen weiteren Online-Shop startete ich mit den Gedanken, dass meine Kunden zwischen 20 – 30 Jahre alt sind und jährlich Urlaub am Strand von Mallorca oder am Goldstrand in Bulgarien buchen. Nach den ersten 100 Verkäufen analysierte ich Webseitenbesucher und -käufer genauer. Ich stellte überraschenderweise fest, dass meine Shirts besonders Männer im Alter von 30 – 60 ansprachen, welche an Fußball interessiert waren.

Einer meiner Online Marketing Auszubildenden eröffnete einen Shop mit Katzenshirts und -zubehör mit dem Gedanken, dass seine Zielgruppe Mädchen im Alter zwischen 15 -30 Jahren sind. Nach seinen ersten Verkäufen analysierten wir die Käufer: Die meisten Katzenshirts verkaufte er an Frauen, welche Single und im Alter von 30 – 38 sind. (Du möchtest einen Katzenshop kreieren? Notiere dir diese Zielgruppe!) Unsere subjektive Wahrnehmung der Umwelt täuscht uns oftmals. Die Analyse von Daten, Zahlen und Verkäufen liefert daher oftmals das beste Ergebnis. Trotz einer perfekten Marketingkampagne könnte das Shirt, welches dir und deinen Freunden ausgesprochen gut gefällt, deiner Zielgruppe nicht gefallen.

„Meinen Freunden gefällt dieses Shirt. Dann gefällt es höchstwahrscheinlich auch meiner Zielgruppe!"
- Ein falscher Gedanke, Wurzel vieler Verluste!

Mein erstes Shirt, welches über tausende Einheiten verkaufte, hatte ein Design, von welchem ich niemals dachte, dass meine Zielgruppe mir dieses Produkt aus der Hand reißen würde. Die Werbeanzeige generierte mit den ersten eingesetzten 5 € Marketingbudget vier Käufer, welche insgesamt vier Shirts und zwei Hoodies kauften. Diese bescherten mir somit einen Reingewinn von 103 € am Tag der Veröffentlichung. Lektion: Designresearch betreiben, Shirts testen, testen und testen.

GEHEIMNIS #6: Die 95/5 Regel

Hast du bereits vom Pareto-Prinzip gehört, welches besagt, dass 80 % deiner Resultate von 20 % deiner Aktivitäten stammen? (Buchempfehlung: „The ONE Thing" von Gary Keller). Im E-Commerce

Geschäftsmodel kannst du damit rechnen, dass 90 % deines Umsatzes von 10 % deiner Shirts generiert wird! 10 % meiner Angebote und Aktionen machen über 90 % meines Umsatzes/ meines Erfolgs aus. Doch wie kannst du Profite erzielen, wenn 90 % der Shirts wenige bis keine Sells generieren? Durch richtiges Skalieren kann dir ein gutes Shirt oder ein gutes Produkt durch deutschlandweites Skalieren mehrere zehntausende bis hin zu international skalierten hunderttausenden Euros an Umsatz einbringen. Aus einer funktionierenden profitablen Werbeanzeige kannst du über Nacht zehn Werbeanzeigen für dasselbe Produkt schalten. Meine Verkäufe setzten zu meinen Anfangszeiten täglich 50 - 100 € Umsatz um (entspricht vier verkauften Shirts). Diese Zahlen explodierten, als ich mein erstes profitables T-Shirt veröffentlichte. Ich erhöhte mit viel Zögern und Zweifeln das Werbebudget des Shirts, da ich Angst hatte, mehr Geld zu investieren. Aus 100 € Umsatz wurden 300 – 500 € Umsatz. Profitable Shirts werden im Folgenden „Winning Shirts" genannt. Ein Winning Shirt garantiert dir über mehrere Wochen bis Monate hinweg tägliche Profite und bildet somit eine sichere und passive Einnahmequelle.

GEHEIMNIS #7: Veröffentliche, teste, verliere, aber skaliere schneller

Ein einziges Winning Shirt genügt, um dir ein ordentliches passives Einkommen aufzubauen. Mit diesem kannst du kinderleicht deinen Shop auf 3000 € Umsatz skalieren. Nachdem du ein Winning Shirt gefunden hast, stellst du weitere Werbeanzeigen ein, welche 24/7 für dich arbeiten und werben. Sobald Käufe getätigt werden, verarbeitet sie dein „Print on Demand-Partner" für dich, während du deine finanzielle Freiheit und dein passives Einkommen genießt. Währenddessen verdienst du dein Geld, indem du andere Projekte bewältigst, neue Shirts designen lässt oder auch einfach in den Urlaub fährst. Ich erinnere mich an meinen ersten Urlaub in der Türkei, bei welchem ich mehr verdiente, als ich überhaupt ausgegeben habe. Doch dabei darf man nicht vergessen, dass ich monatelang zuvor sehr viel Arbeit in diese Projekte investierte und viele Niederlagen einstecken musste.

VERÖFFENTLICHE: Viele Sachen sind anfangs unklar. Falls du versuchst, alles vor deinem Start zu lernen, dauert es mehrere Wochen bis hin zu Monaten bis du endlich deinen ersten Shop veröffentlichst. Eröffne aus diesem Grund so schnell wie möglich dein Unternehmen und sende erste potentielle Kunden auf deine Webseite. Du musst nicht gut sein, um zu starten, aber du musst starten, um gut zu werden. Oftmals ändern sich nach dem genaueren Kennenlernen deiner Zielgruppe deine Produkte zu nischenspezifischeren Shirts. Amazon startete beispielsweise 1994 als Online-Buchhandlung. 20 Jahre später ist Amazon ein internationales Unternehmen mit über 300.000 Mitarbeitern. Durch Innovationen wie Amazon Prime, Amazon Video, Kindle, Lebensmittel Lieferservice und mittlerweile auch Amazon Alexa steigert dieses Unternehmen Jahr für Jahr ihren Umsatz.

TESTE: Nachdem du das fertige Design hochgeladen hast, teste jedes Produkt mit einem Werbeanzeigenbudget von 5 € für 5 Tage. Das macht insgesamt 25 € für den Test eines Shirts. Durchschnittlich sehen für diesen Einsatz ca. 5000 Leute deine Werbeanzeige. 2 von 5000 Leuten müssen sich dafür entscheiden, dieses Shirt zu kaufen und du schreibst grüne Zahlen.

VERLIERE: Natürlich wird nicht jedes deiner Shirts ein Winning Shirt. Deshalb gilt: Teste viel und schnell! Sobald das Shirt nach 25 € Testkapital immer noch keinen Verkauf generiert, unterbinde die Werbeanzeige sofort. Dadurch verhinderst du rote Zahlen. Das Shirt kann weiterhin in deinem Shop online bleiben. Manche Kunden stöbern durch dein Sortiment und packen Shirts, welche zuvor nicht durch Werbeanzeigen verkauft wurden, in den Einkaufswagen.

ABER SKALIERE SCHNELLER: Du hast die Werbeanzeige für 5 Tage durchlaufen lassen und sie hat insgesamt mehr als zwei Verkäufe generiert? Perfekt! Skaliere die Werbeanzeige hoch. Hör auf zu warten! Deine harte Arbeit zahlt sich in diesem Moment aus. Gehe das „Risiko" ein.

GEHEIMNIS #8: Disziplin und fester Tagesplan

Du bist nun dein eigener Chef. Das heißt im übertragenen Sinne, dass dich niemand mehr kontrolliert. Aus diesem Grund musst du auch deine eigenen Arbeitszeiten bestimmen und vor allem einhalten. Um anfangs nicht den Überblick zu verlieren, kannst du dir einen wöchentlichen Aufgabenplan zusammenstellen und kreieren. Der folgende Plan gibt dir eine ungefähre Aufgabeneinteilung. Passe diesen Plan individuell auf deine Ziele und Nebenbeschäftigungen an.

MONTAG
- Produktrecherche (120 Minuten)
- Werbeanzeigen managen (15 Minuten)

DIENSTAG
- Designaufträge an deinen Designer weiterleiten (15 Minuten)
- Werbeanzeigen managen (15 Minuten)

MITTWOCH
- Produktrecherche (120 Minuten)
- Werbeanzeigen managen (15 Minuten)

DONNERSTAG
- Neue Produkte hochladen (120 Minuten)
- Neue Werbeanzeigen schalten (60 Minuten)
- Werbeanzeigen managen (15 Minuten)

FREITAG
- E-Mail-Marketing (30 Minuten)
- Kundenservice (30 Minuten)
- Werbeanzeigen managen (15 Minuten)

SAMSTAG
- Produktrecherche (120 Minuten)
- Werbeanzeigen managen (15 Minuten)

SONNTAG
- Werbeanzeigen managen (15 Minuten)

Definitionen

Produktrecherche

Diese Aufgabe gehört zum Kernelement deines Shops. Die meiste Zeit verbringen die meisten erfolgreichen Onlinehändler mit dem Heraussuchen neuer Designs, Sprüche, Zitate und neuen Bildern, welche sie für ihre Zielgruppe auf ein T-Shirt, Pullover, Hoodie, Poster oder auf eine Tasse drucken lassen. Somit solltest du jeden Tag mindestens zwei Stunden damit verbringen, neue Designs zu recherchieren. Produktrecherche geht noch viel weiter als die Arbeit am Schreibtisch. Analysiere stets Shirts im Fitnessstudio, U-Bahn, Club und auf den Straßen, um dich weitgehend inspirieren zu lassen. Außerdem bemerkst du dadurch, dass du die meisten Shirts selbst kreieren lassen könntest.

Das Besondere an diesem Geschäftsmodel ist das individualisierte Drucken von Shirts, welche die Kunden sonst in keinem Kleidungsgeschäft kaufen können. Falls du eine leidenschaftliche Nische auswählst und individuelle/ attraktive Shirts für die Personen in der Nische kreierst, ist deine Zielgruppe gewollt, Geld für diese Shirts zu bezahlen, da sie mit ihrer Leidenschaft resonieren.

Designaufträge an deinen Designer weiterleiten
Nachdem du potentielle Designs gefunden hast, leitest du diese an deinen Designer weiter, insofern du keine ausreichenden Photoshop-Fähigkeiten besitzt. Ich habe mir grundlegende Photoshop-Fähigkeiten mit wenigen YouTube Videos selbst gelehrt, habe jedoch noch nie ein Shirt selbst designt. Für einen geringen Preis von ca. 10 - 30 € kannst du dir hochwertige Designs kreieren lassen. Viele Konkurrenten greifen auf 1 - 5 € Designs zurück, welche ich aufgrund der mangelnden Qualität nicht empfehlen kann. Mehr zu diesem Thema erfährst du im Kapitel „Verkaufende Designs kreieren lassen".

Fange ausgehend von deinen Zielen und deinem Arbeitsaufwand damit an, wöchentlich mindestens fünf Shirts kreieren zu lassen. Als Unternehmer gilt: „More is more". Dir sind keine Grenzen gesetzt! Das ist einzig und allein dein Unternehmen und du selbst bist vollständig für deine finanzielle Freiheit zuständig. Je mehr Shirts du designen lässt, desto höher ist die Wahrscheinlichkeit, insofern die Qualität der Shirts durch die Quantität nicht leidet, dass sich ein Winning Shirt herauskristallisiert.

„Dein nächstes Shirt kann das Winning Shirt sein, worauf deine Kunden gewartet haben!"

Neue Produkte hochladen
Nachdem du die fertige .png Datei von deinem Designer erhältst, kannst du diese in deinem Shop hochladen. Für das Hochladen eines Shirts einschließlich der Produktbeschreibung wirst du einen durchschnittlichen Zeitaufwand von 20 Minuten benötigen.

Neue Werbeanzeigen kreieren
Jedes einzelne kreierte Shirt verdient einen Test von mindestens 5 € für 5 Tage. Alle Einzelheiten zum Marketing erfährst du in den nächsten Kapiteln.

Werbeanzeigen managen

Eine weitere Aufgabe ist das tägliche Managen von Werbeanzeigen. Kontrolliere jeden Tag um eine bestimmte Uhrzeit deine Facebook und Instagram Werbeanzeigen. Passe ausgehend von ihrer Leistung und ihren Verkäufen das Werbebudget an. Benutze hierfür stumpf und ohne Emotionen eine einfache Excel-Datei, welche dir im weiteren Verlauf des Werkes nähergebracht wird. Diese Tabelle sende ich dir kostenlos unter www.aposvalley.de/skalierung per E-Mail zu. Hole dir deine Tabelle jetzt, um dich künftig vor schlaflosen Nächten und emotional falschen Entscheidungen zu schützen.

E-Mail-Marketing

E-Mail-Marketing ist tot? Wöchentliche Mails mit deinen neusten oder angesagtesten Produkten, Gewinnspiele oder besondere Angebote an deine stets wachsende Mailingliste sind eine Garantie für kostenlosen Umsatz. Diese Marketing Methode ist und bleibt ein weiterer Bestandteil jedes erfolgreichen Online Unternehmens.

Kundenservice

Dies ist der erste Aufgabenbereich, welchen du später an einen virtuellen Assistenten weitergeben kannst. Mit einem stetig wachsenden Produktsortiment erhältst du proportional dazu mehr Fragen und E-Mails bezüglich deiner Produkte oder der Lieferung. Aus diesem Grund benötigst du unbedingt eine gut durchdachte und organisierte FAQ-Seite, welche den benötigten Kundenservice drastisch reduziert. Außerdem reduzieren Lieferungen mit Ortungsservice viele aufkommende Fragen über den Versandstatus, da Kunden selbst täglich ihre Pakete mitverfolgen und orten können.

Nachdem du die wichtigsten Informationen zum anstehenden Geschäftsmodel erhalten hast, erfährst du nun genauer in den folgenden Kapiteln, wie du schnellstmöglich deinen Shop starten und erste Gewinne verzeichnen kannst. Bist du schon aufgeregt? Nimm einen Schluck von deinem Kaffee. Die Reise beginnt…

4 DIE RICHTIGE NISCHE AUSWÄHLEN

Laserfokus auf eine Nische

„Wow, auf dieser Seite fühle ich mich als Hundeliebhaber echt wohl!"

Szenario 1

Eine junge Frau, welche zwei Hunde besitzt, sieht auf Facebook eine Werbeanzeige von der Seite „Hundeliebe", auf der sich hunderte von Hundebesitzern treffen und täglich die neusten Bilder kommentieren. Auf der Startseite des Shops erwartet den potentiellen Kunden ein Hundelogo mit einem Farbschema, welches perfekt mit Hundebesitzern korrespondiert.

Szenario 2

Eine junge Frau stolpert über eine Facebook-Werbeanzeige, welche ein T-Shirt präsentiert. Auf der Seite angekommen erwartet sie eine Massenauswahl von T-Shirts eines riesigen Onlinehändlers.

Vorteile deines eigenen Online-Nischen-Shops (Szenario 1) vs. Verkauf im allgemeinen Shop (Szenario 2)

Vorteil #1: Zielgruppenspezifische Atmosphäre

Auf welcher Seite fühlt sich die Hundebesitzerin wohl? Definitiv auf einer spezifischen Webseite mit Hundedomain und -logo!

Vorteil #2: Conversion-Rate

1000 Kunden werden jeweils anhand deiner nischenspezifischen Werbung auf deine Webseite weitergeleitet. Da die komplette Seite mit deinem Kunden/ deiner Zielgruppe resoniert, ist er/ sie gewollter zu kaufen.

Vorteil #3: Kundenbindung und Leadgenerierung

Bei welchem Szenario ist es wahrscheinlicher, deine Kunden an deinen Shop zu binden, sodass sie nicht nur einmal bei dir einkaufen, sondern mehrmals? Du erhältst alle essentiellen Informationen zu deinen Kunden in Szenario 1 (Alter, Geschlecht, Adresse...). In einem allgemeinen Shop ist dies aus Datenschutzgründen nicht möglich, da allgemeine Shops keine bis wenige Informationen über deine erzielten Verkäufe preisgeben dürfen. Bei meinen Buchverkäufen über Amazon oder Geschäftsmodellen wie Amazon FBA erhalte ich keine Nutzerstatistiken und Informationen meiner Käufer. Versuche aus diesem Grund immer, Kunden auf deine Webseiten zu leiten, indem du ihnen einen kostenlosen Mehrwert oder Coupongutscheine zu ihrer getätigten Lieferung hinzufügst. Weitere Informationen folgen auf www.aposvalley.de.... (#Zwinker)

Vorteil #4: Hoher Customer-Lifetime-Value

Die Neukundenakquise ist stets teurer, als Bestandskunden zu promoten. Aus diesem Grund ist das Binden von Kunden ein wichtiger Bestandteil deines Unternehmens und ist stets profitabler mit deinem eigenen Nischenshop. Wenn dein Kunde beispielsweise ein Hundebett kauft, kannst du ihn kostenlos per E-Mail bewerben und ihm Wochen später ein Hunde T-Shirt oder ein Hundehalsband promoten. Da er sowieso Interesse an Hundeartikeln vorgewiesen hat, ist die Wahrscheinlichkeit hoch, dass dieser Kunde erneut einen Einkauf tätigt.

Vorteil #5: Facebook-Pixel

Der Facebook-Pixel ist ein wichtiger Code, welchen du einfach auf deiner Webseite integrieren kannst. Dieser Code ist für deinen Kunden nicht sichtbar, muss jedoch nach dem neusten EU-DSTVGO Gesetz in der Datenschutzverordnung angegeben sein. Der Facebook-Pixel speichert Informationen über deine Webseitenbesucher und analysiert deren Kaufverhalten und Interessen. Allgemeine Shops erlauben meistens nicht die Verwendung von eigenen Tracking-Pixeln. Somit hast du keine Möglichkeit, einem interessierten Kunden ein zweites Mal das Produkt vorzustellen oder seine Demografie und Interessen zu analysieren. (Du verstehst den Anwendungsbereich dieses Pixels noch nicht? Warte auf das Kapitel „Online Marketing")

Ich verkaufe ebenfalls Artikel, Bücher und Shirts auf allgemeinen Shops wie Amazon und Spreadshirt. Allerdings geben mir diese Anbieter nicht die Freiheiten, welche ich mir als Online Marketer wünsche. Doch was sind die Nachteile deines eigenen Shops?

Nachteil #1: Erhöhter Arbeitsaufwand

Viele Anbieter (Shirtee, Spreadshirt, Merch by Amazon, …) besitzen eine vorgefertigte Maske, sodass du nur dein Shirt hochladen und eine kleine Beschreibung hinzufügen musst. Restliche Aufgaben wie Retouren, Kundensupport und Zahlungen sind in deren Service beinhaltet. Selbstverständlich kannst du deine Designs bei diesen Anbietern zusätzlich hochladen. Doch du wirst auf diesen Plattformen niemals die gleichen Gewinne wie mit deiner eigenen Marke, Webseite und Facebook-Seite verzeichnen können. Fazit: Erhöhter Arbeitsaufwand – noch höhere Gewinne.

Nachteil #2: Monatliche Hosting Gebühren
Der zweite Nachteil ist in den Augen von Anfängern oft ein großes Hindernis. Diese sehen den monatlichen Hosting Gebühren negativ entgegen. Obwohl dieses Werk fortgeschrittene Tipps und Taktiken für dein Online Startup enthält, welches dir ein passives Einkommen von mehreren tausenden Euros verschafft, möchte ich unsere Online Marketing Anfänger nicht außer Acht lassen.

Die Plattform, auf welcher ich jeden einzelnen Online-Shop hoste, nennt sich Shopify. Der Preis beträgt ca. 25 € im Monat. Viele Anfänger springen jetzt auf. Der Puls hat sich bereits maximal erhöht. (Danke bereits im Voraus an die wütenden E-Mail Nachrichten von Lesern, welche nicht bereit sind, monatlich 25 € für das Hosting ihres eigenen Unternehmens zu zahlen, welches dich jedoch Monat für Monat auszahlen kann.)
Vor 20 Jahren zahlte der U.S. amerikanischer Unternehmer und Investor Jeff Bezos ca. $100.000 für die Codierung seines Bücher-Online-Shops namens Amazon. Im Vergleich dazu genießen wir das Privileg, für den Preis von einem Kaffee am Tag unseren eigenen

Online-Shop kreieren zu können. Ein weiterer Vorteil von Shopify ist außerdem, dass sich die Plattform an Unternehmer richtet, welche wenig bis keine Codierungs-Fähigkeiten besitzen.

Szenario 1 oder Szenario 2?
Eigener Online-Shop oder allgemeiner Shop?
Es liegt in deiner Hand. Du entscheidest.

Nische auswählen, analysieren und testen

Aufgabe #1: Brainstorming von Nischen

Welche Nischen kommen für dich in Frage? In diesem Kapitel entscheidest du dich für eine Nische, in welcher du deinen ersten Online-Shop kreierst. Nimm dir einen Moment Zeit und notiere dir zehn mögliche Nischenideen. Beachte hierbei, dass du ein grundlegendes Interesse für die Nische besitzt.

Aufgabe #2: Potentielle Zielgruppengröße testen

Nachdem du verschiedene Nischen notiert hast, analysiere die jeweiligen Zielgruppen und entscheide ausgehend von diesen, ob deine potentiellen Kunden in der Nische zum einen eine Leidenschaft zu dieser Thematik besitzen und zum anderen ob diese Nische groß genug ist, um passives Einkommen zu generieren.

Um deine Nische zu testen, logge dich auf www.business.facebook.com ein und erstelle dir einen kostenlosen Business Werbekonto. Dieser gibt dir die Möglichkeit, Informationen über deine Kunden herauszufinden und im weiteren Verlauf Werbung zu schalten. Das kostenlos integrierte Analysetool „Facebook ADS Audience Insights" erlaubt dir, Alter, Geschlecht, Ort, Interessen, Verbindungen, Beziehungsstatus, Ausbildung, Arbeit, Eltern, Lebensereignisse und vieles mehr über deine potentielle Zielgruppe herauszufinden.

Ein klassischer Nischentest besteht daraus, nach deutschsprachigen Personen in Deutschland, Österreich und Schweiz zu suchen, welche „X" (deine ausgewählte Nische) als Interessensbereich besitzen. Wähle eine Nische aus, die mindestens eine Anzahl von 500.000 Leuten besitzt, da ansonsten die Skalierungsmöglichkeiten begrenzt sind. Du kannst die Nischen, die im Folgenden aufgeführt werden, individuell testen und kombinieren (und natürlich meine Nischen stehlen – dein Erfolg ist auch mein Erfolg).

40 heißbegehrte und profitable Nischen

Aufgabe #3: Nischenauswahl

Im Folgenden findest du verschiedene Beispiele für unterschiedliche „Print-on-Demand" Nischen.

Job Titel
- Farmer
- Krankenschwester
- Lehrer
- Mechaniker
- Online Marketer
- Pilot
- Programmierer
- Unternehmer
- Veteran
- Zahnarzt

Interessensgruppen
- Autos
- Bärte
- Gesundheit
- Gitarre
- Kaffee
- Katzen
- Kosmetik
- Politik

- Psychologie
- Videospiele

Hobbies und Aktivitäten
- Angeln
- Basketball
- Bodybuilding
- Eishockey
- Filme
- Fotografieren
- Fußball
- Hockey
- Joggen
- Klettern
- Kochen
- Kraftsport
- Lesen
- MMA
- Reisen
- Schach
- Tennis
- Triathlon
- Wandern
- Yoga

Erste Schritte für einen erfolgreichen Start

> „Lebe in deiner Nische und denke über den Tellerrand
> hinaus."

Nachdem du eine leidenschaftliche Nische ausgewählt hast, muss jede Entscheidung, jedes Shirt und jedes Farbschema mit deiner Nische übereinstimmen. Begeistere dich für deine Nische und fange an, für deine Nische zu „leben". Jede einzelne Facebookseite, Webseite, Interessensgruppe und jedes Nebeninteresse kann dabei analysiert und berücksichtigt werden.

Laserfokus auf eine Nische – nicht auf eine Unternische

Du liest momentan ein Buch über Online Marketing und bist daran interessiert, wie man online mit dem Verkauf von Shirts Geld generiert. Folglich bist du höchstwahrscheinlich auch an Büchern und YouTube Videos über Finanzen, Unternehmersein, Dropshipping, Facebook Marketing, Instagram Marketing, Social Media Marketing oder Affiliate Marketing interessiert. Versteife dich nicht auf eine Unternische. Sobald du einen Hunde Online-Shop besitzt, kannst du außerdem deine Zielgruppe ausweiten. Neben dem Verkauf von Shirts an die Interessensgruppe „deutscher Schäferhund", kannst du auch ein Shirt für die Interessensgruppe „verheiratet" und „Hundebesitzer" erstellen. Teste verschiedene Produkte. Du bekommst mit der Zeit ein Gefühl, welche Interessensgruppen in deiner Nische profitabel   sind.

5 ONLINE SHOP KREIEREN

Aufgabe #4: Online Shop erstellen

Im vorangehenden Kapitel wurde Shopify bereits kurz erwähnt. Es gibt unzählige Anbieter auf dem Markt, darunter auch viele kostenlose Alternativen. Qualitätsmäßig kann im Moment kein Anbieter im E-Commerce mit Shopify mithalten. Außerdem bietet Shopify die Möglichkeit, deinen Shop unverbindlich 14 Tage lang kostenlos aufzubauen und alle Features zu testen – hierfür hat uns Shopify extra einen Link zur Verfügung gestellt

www.shopify.aposvalley.de/

Vorteil #1: Einfach zu designen

Die kostenlosen Themes ermöglichen dir in kurzer Zeit einen vollständig funktionierenden Online-Shop zu kreieren. Bei Themes handelt es sich um vorgefertigte Designs für eine Webseite. Die Vorlagen können individuell mit Bildern und Texten versehen werden. Die benutzerfreundliche Oberfläche von Shopify ermöglicht die Gestaltung eines ansprechenden Shops innerhalb von wenigen Minuten.

Vorteil #2: Keine Codierung notwendig

Codierung ist ein Begriff der elektronischen Datenverarbeitung. Bei der Webseitenentwicklung ist das Überführen des Algorithmus und der Datenvereinbarungen in die Programmiersprache notwendig. Viele Unternehmer besitzen keine Ausbildungen oder Weiterbildungen in der Informatik und können deshalb Quelltexte nicht programmieren oder codieren. Shopify war sich dieser Tatsache bewusst. Aus diesem Grund kreierten sie eine Anwendung, die Unternehmern ohne Codierungs-Fähigkeiten erlaubt, einen Online-Shop zu erstellen.

Vorteil #3: Technischer Support

Shopify bietet für alle Nutzer technischen Support an. Dieser kann 24 Stunden am Tag, 7 Tage die Woche in Anspruch genommen werden. Das Supportteam hilft dir bei der Ausarbeitung und Umsetzung deines Shops, sobald du Probleme hast und wenn individuelle Fragen auftreten.

Vorteil #4: Vollständig gehostet

Dein Shop wird von den Servern von Shopify komplett gehostet. Somit musst du dir keine Sorgen machen, ob deine Seite aufgrund von hoher Belastung langsamer lädt. Das schlimmste Ereignis für Online Marketer ist die Überbelastung deines Hosts aufgrund von zu hoher Serverbelastung. Warum? Personen, welche durch deine bezahlte Werbung erreicht werden, landen auf einer nicht funktionierenden Seite. Somit entgehen dir mögliche Käufer und Bestandskunden zweifeln an der Professionalität deines Online-Shops. Die Server von Shopify sind für solch hohe Belastungen konzipiert und dieses Szenario wird niemals eintreten.

Vorteil #5: Integration mit einem Druckpartner

Shopify gehört zu den größten E-Commerce Anbietern der Welt, weswegen viele Unternehmen und Anbieter von Softwareapplikationen in Kooperation mit Shopify stehen. Diese Anwendungen können über den App-Store heruntergeladen werden. Dazu zählen vor allem Facebook, Instagram, Mailchimp für E-Mail-Marketing, Dropshipping Lieferanten und verschiedene Druckpartner.

Design und die wichtigsten Einstellungen anpassen

Aufgabe #5: Online Shop designen

DESIGN

Beispiel für ein ansprechendes Theme: Minimal Modern

Schnell erkennst du ein weites Spektrum an attraktiven Themes. Wähle eine Vorlage, die dir am besten gefällt und die mit deiner Nische korrespondiert. Die kostenlosen Motive sind hierfür völlig ausreichend. Die kostenlosen Motive wurden von Shopify selbst kreiert und beinhalten deshalb technischen Support von deren Mitarbeitern. Meine Favoriten sind „Minimal Modern" und „Brooklyn", da beide Themes die Philosophie „mobile first" vertreten und somit Smartphone kompatibel sind.

TITELBILD

Durch einen Klick auf den „Anpassen" Button landest du auf der Bearbeitungsseite deines Online-Shops. Jede Person, die deinen Webshop von Freunden empfohlen bekommt oder über Google aufsucht, landet auf dieser Startseite. Aus diesem Grund ist ein nischenkompatibles Titelbild essentiell. Um den ganzen Prozess so einfach wie möglich zu gestalten, deaktiviere die empfohlene

Slideshow und benutze stattdessen nur ein Titelbild. Damit sparst du dir viel Zeit. Hier ist weniger mehr. Designe am Anfang nicht zu viel an deiner Webseite. In der Anfangsphase wirkt das Resultat oft unprofessionell.

Drei Tipps für das richtige Titelbild

Tipp 1: Titelbild finden

- Lizenzfreie kostenlose Bilder: Pixabay, Unsplash

- Bilder mit kostenpflichtiger Lizenz: Shutterstock

Tipp 2: Farbmuster des Titelbildes

Welches Farbmuster passt zu deiner Nische? Recherchiere ausgiebig vor dem Auswählen deines Titelbildes und deiner Seitenfarben. Eine einfache Google Bildersuche zeigt oftmals die angesagtesten Farben.

Korrespondierende Farben für einen Sommer-Shop: Farbe Blau und Gold.

Tipp 3: Augenkontakt

Wähle immer ein Titelbild mit sympathischen Personen aus, die den direkten Augenkontakt mit deinen potentiellen Kunden suchen. Dieser psychologische Trick sorgt für eine durchschnittlich längere Aufenthaltsdauer auf deiner Webseite. Diese ist ein ausschlaggebender Faktor für die Search-Engine-Optimization (SEO-Marketing), nach welcher Google in den letzten Jahren die Suchmaschinen optimierte. Aufgrund deiner erfolgreichen Nutzer- und Absprungstatistik rankt Google deinen Shop automatisch auf wichtigen Keywords höher. Die positiven Statistiken erreichst du durch die Auswahl eines attraktiven Designs, eines ansprechenden Farbschemas, eines aufmerksamkeitserregenden Titelbildes und eines professionellen Logos.

LOGO

Ein professionelles Logo erweckt Vertrauen und prägt deine Marke. Der erste Eindruck deines Kunden entscheidet unterbewusst über sein Kaufverhalten. Gestalte dein Logo daher so professionell, dass es auf den ersten Blick volles Vertrauen erweckt. Sei daher gewollt, mehr Geld für ein qualitativ hochwertiges Logo auszugeben. Du kannst auf www.fiverr.com für einen

Kostenaufwand von 5-10 € ein mittelmäßiges Logo erstellen lassen. Alternativ kannst du auf www.upwork.com oder www.marketdesigns.de äußerst qualifizierte Freiberufler finden. Für diese musst du zwar mehr investieren, doch die Qualität spricht für sich und ist absolut empfehlenswert! Achte vor allem darauf, dass das Logo zu deinem zuvor ausgewählten Farbschema deines Shops und zu deiner Nische passt.

THEME-EINSTELLUNGEN

FARBEN

Auf https://coolors.co/app kannst du eine individuelle Farbpalette erstellen, welche zu deiner Nische passt. Einheitliche Farben wecken Vertrauen. Wechsle nicht allzu oft zwischen den einzelnen Farbpaletten. Da die Farbeinstellungen von Shopify zum Zeitpunkt der Veröffentlichung dieses Buches nur in englischer Sprache verfügbar sind, wurden die Fachbegriffe im Folgenden einfachheitshalber in englischer Sprache übernommen.

Beispiele für Farbeinstellungen

Farbe #1: Top bar background, Footer background, Lines & Borders
Beispiel: Blau
Tipp: Nischenfarben berücksichtigen!

Farbe #2: Body background
Beispiel: Ganz leichtes Grau
Tipp: Reines Weiß setzt einen zu starken Fokus auf den Hintergrund.

Farbe #3: Buttons und Links
Beispiel: Grün
Tipp: Grün und Blau sorgen für die höchsten Conversion-Raten.

Farbe #4: Button Text, Top bar, Footer, Social media und payment icons
Beispiel: Weiß
Tipp: In Kombination mit dem kompletten Design ist reines Weiß in diesem Fall sehr attraktiv.

Farbe #5: Schrift main menu, Schrift body
Beispiel: Schwarz
Tipp: Eine schwarze Schrift ist elegant, weckt Vertrauen und ist einfach zu erkennen.

SCHRIFT

Unter den Theme-Einstellungen kannst du ebenfalls die angezeigten Schriftarten verändern. Shopify bietet hierbei viele verschiedene attraktive Möglichkeiten an. Mein Favorit ist hierbei die „Avant Garde Schrift". Benutze für den Body Text, Headings und Navigation dieselbe Schrift, um deinen Shop einheitlich und vertrauenswürdig zu halten.

CHECKOUT

Verändere ebenfalls deine zuvor getätigten Design-Einstellungen (Farbe und Schriften) in den Checkout-Einstellungen.

Aufgabe #6: Wichtige Einstellungen

SOCIAL MEDIA

Insofern du noch keine Social Media Accounts für deinen Online-Shop besitzt, ist jetzt die richtige Zeit gekommen, dir eine Facebook- und Instagram-Fanseite zu kreieren. Füge danach die Links deiner erstellten Seiten unter dem Punkt „Social Media" in die Shopify Einstellungen ein, sodass sie im Footer-Menü (= Fußzeile) angezeigt werden.

FUßZEILE

Wir erstellen im späteren Verlauf die Punkte „Verkauf und Rückerstattung", „Datenschutzerklärungen" und „Nutzungsbedingungen" im Footer-Menü. Diese werden in einem anderen Menüpunkt erstellt. Gehe hierfür zurück zu den Shopify Einstellungen.

VERKAUF UND RÜCKERSTATTUNG / DATENSCHUTZERKLÄRUNG / NUTZUNGSBEDINGUNGEN

Du benötigst diese Seiten, um deinen Shop abmahnsicher zu gestalten. Den Inhalt dieser Seiten kannst du in den Einstellungen unter „Checkout" kreieren und unter „Seiten" auf eine Webseite übertragen. Hierfür kopierst du lediglich den Inhalt und fügst diesen auf deiner zuvor neu erstellten Seite ein. Unter „Navigation" kannst du diese Seiten im Menüpunkt unter dein Footer Menü integrieren.

DOMAIN

Unter „Online Store – Domains" kannst du dir eine individuelle Domain kaufen, unter der deine Kunden deinen Shop finden können. Überlege dir eine einzigartige Domain bzw. einen einzigartigen Namen für deinen Shop. Markenbildung ist eine wichtige Marketingstrategie, welche große Unternehmen wie „Red Bull" und „Nike" perfektioniert haben. Diese Namen stehen für Kundenvertrauen und Qualität. Der Kauf einer Domain bei Shopify kostet um die 10 € für ein komplettes Jahr und ist empfehlenswert. Alternativ kannst du auf Anbieter wie „1&1" zurückgreifen und erhältst deine Domain im ersten Jahr kostenlos. Hierfür musst du jedoch die Seiten miteinander verknüpfen, was je nach deinen Codierungs-Fähigkeiten mehrere Stunden dauern kann.

ZAHLUNGSMITTEL (Einstellungen – Zahlungsanbieter)

PayPal – PayPal gilt seit vielen Jahren als eines der sichersten Zahlungsmittel. Der Service wird vor allem von deutschen Kunden gerne benutzt. Um Zahlungen per PayPal zu akzeptieren, musst du dir lediglich ein „PayPal Geschäftskonto" erstellen. Dieses Konto verbindest du unter Zahlungsanbieter mit deinem Shopify Konto. Anschließend ist diese Zahlungsart vollständig funktionsfähig. Zahlungen erhältst du innerhalb von wenigen Sekunden auf dein PayPal Konto. Die Transaktionsgebühr für Geschäftskunden beträgt 1,9 % + 0,35 € pro inländische Transaktion. Die darauffolgende Auszahlung auf dein Geschäftskonto dauert in der Regel 1-2 Werktage und ist gebührenfrei.

Stripe – Vor wenigen Jahren musste jeder Unternehmer, der Zahlungen per Kreditkarte akzeptieren wollte, mit der hauseigenen Bank einen teuren Vertrag abschließen. Dieser Vertrag wurde sogar oftmals abgelehnt. Durch das amerikanische Unternehmen Stripe erhalten Startup-Unternehmer die Möglichkeit, Zahlungen per Kreditkarte zu akzeptieren. Du kannst den Service von Stripe nutzen, um Zahlungen per Master Card, American Express und Visa zu akzeptieren. Die Auszahlung auf das Geschäftskonto erfolgt innerhalb von 7 Tagen. Die Gebühren pro Transaktion betragen hierbei 1,4 % + 0,25 €.

Sofort Überweisung – Sofortüberweisung ist eine Bezahlmethode, welche in Deutschland ein immer höheres Ansehen genießt. Das Geld wird hierbei sofort beim Käufer abgebucht und geht auf deinem Geschäftskonto ein. Gegen eine monatliche Gebühr kannst du dich für ein „Klarna Verkäuferkonto" anmelden.

Coinbase Commerce – Da ich leidenschaftlicher Kryptowährungen-Sympathisant bin, akzeptiere ich auch Zahlungen per Bitcoin und Ethereum. Hierfür musst du dich lediglich bei Coinbase-Commerce anmelden. Noch zahlen sehr wenige Kunden mit Kryptowährungen. Der amerikanische Rapper „50 Cent" gilt als einer der ersten Musiker, die Bitcoin bereits im

Jahr 2014 als Zahlungsmittel akzeptiert haben. Wie das online Nachrichtenmagazin „TMZ" berichtet, hat 50 Cent seine Bitcoin-Verkäufe unberührt gelassen, bis er sie in letzter Zeit wiederentdeckt hat. Für sein Album „Animal Ambition" hat er Berichten zufolge rund 700 Bitcoins für den Verkauf von Alben eingespielt. Zum Zeitpunkt der Veröffentlichung des Albums war 1 Bitcoin ca. $650 wert. Heute ist der insgesamte Wert von 50 Cents Bitcoin-Einnahmen von $455.000 auf $5,6 Millionen angestiegen.

Überweisungen – Zahlungen per Überweisung kannst du unter „Manuelle Zahlungen – Benutzerdefinierte Zahlungsmethode" integrieren. Notiere in den Zahlungsanweisungen unbedingt deine Bankdaten. Fordere deine Kunden explizit dazu auf, die Überweisung in den nächsten Werktagen zu tätigen. Diese Bezahlmethode ist mit mehr Bürokratie verbunden.

STEUERN

Je nach angemeldetem Gewerbe unterscheiden sich deine nötigen Steuereinstellungen in deinem Online-Shop. Als Kleinunternehmer bist du von der Mehrwertsteuer befreit und darfst diese nicht von deinen Kunden verlangen. Die Kleinunternehmer-Regelung gilt bis 17.500 € Umsatz im ersten Jahr und 50.000 € im Folgejahr. Mehr hierzu erfährst du im Bonuskapitel „Geschäftskonto, Steuern und Gewerbe". Da jede Steuersituation unterschiedlich ist, empfehle ich dir, einen Steuerberater aufzusuchen und deine steuerliche Situation zu klären.

MAILS

Unter Benachrichtigungen kannst du jede einzelne E-Mail ansehen und bearbeiten. Diese werden dem Kunden automatisiert bei einem Kauf zugesandt. Hierzu zählen Mails beim Kauf einer Ware, Versandbestätigungen, Zustellung der Sendung, Kundenkonto Einstellungen und viele mehr. Mittlerweile sind diese vorgefertigten Mails in deutscher Sprache verfasst. Vor wenigen Monaten musste jede automatisierte E-Mail vom Englischen ins Deutsche übersetzt werden. Fazit: Der E-Commerce Trend kann in Deutschland langsam Fuß fassen.

6 DRUCKPARTNER KONFIGURIEREN

Den richtigen Druckpartner auswählen

Aufgabe #7: Druckpartner auswählen

Mit einem Print on Demand Partner benötigst du im Laufe deiner E-Commerce Karriere kein riesiges Warenhaus, Equipment oder sonstiges Inventar. Stattdessen kannst du mit Hilfe einer einfachen Designdatei deine Ware weltweit versenden. Nachdem du eine Bestellbestätigung erhältst, wird die Bestellung automatisch an deinen Print on Demand Partner weitergeleitet, welcher das Shirt druckt und unter deinem Namen an deinen Kunden versendet. Der Kunde zahlt bei dir den regulären Preis, woraufhin dein Print on Demand Partner dein Konto mit den Herstellungskosten des Shirts belastet. Du hast die Möglichkeit, Shirts, Longsleeves, Hoodies, Poster,

Plakate, Tassen, Leggins, Hosen und vieles mehr anzubieten und im Falle eines Kaufs versenden zu lassen. Du benötigst hierfür lediglich ein .png Designfile. Doch für welchen Partner entscheidest du dich? Ein Blick in den App-Store von Shopify genügt, um eine unendliche Anzahl an Anbietern zu finden. Die meisten Print on Demand Partner befinden sich aktuell noch in Amerika, expandieren jedoch langsam nach Europa/Deutschland. Ich kooperierte mit vielen verschiedenen Print on Demand Partnern, wobei immer wieder neue Anbieter mit besseren Preisen und besserer Qualität auf den Markt kommen. Geschriebene Werke können im Gegensatz zu Webseiten nicht mehr verändert werden. Aus diesem Grund haben wir für dich eine Webseite erstellt, welche dich über unsere aktuell für am besten empfundenen Partner aufklärt.

www.aposvalley.de/podpartner

Momentan arbeite ich mit Printful, ein Anbieter aus Amerika, welcher vor wenigen Monaten eine zweite Druckerei in Lettland/ Europa eröffnete. Die Preise sind im Vergleich zu deutschen Anbietern sehr günstig und du hast die Auswahl zwischen hunderten von Produkten. Die Druckqualität ist sehr gut und der Kundensupport antwortet innerhalb von einem Werktag. Außerdem verläuft die Integration sehr leicht, gefolgt von einem noch leichteren Prozess, sobald eine

Bestellung im Shop getätigt wurde.

Die Lieferadresse der Kunden wird an die Druckerei von Printful weitergeleitet. Diese drucken das Shirt und versenden anschließend die Ware unter deinem Firmennamen an deine Kunden. Außerdem erhält jeder Kunde eine automatisierte Mail mit einer Tracking ID der bestellten Produkte. Damit können die Kunden ihre Bestellung jederzeit nachverfolgen. Der einzige Nachteil besteht aus der 1- bis 2-wöchigen Lieferzeit. Doch mit richtigen Lieferangaben unter dem angebotenen Produkt, einer guten „FAQ Seite" und aktivem Kundensupport ist dies in sehr wenigen Fällen ein Problem. Alternativ kannst du auf deutsche Anbieter wie Shirtee und Shirtigo zurückgreifen, was zwar die Lieferzeit verkürzt, jedoch deinen Profit vermindert.

Aufgabe #8: Shopify App Integration herunterladen

Um deine Produktseiten zu gestalten und automatisch Bestellungen an deinen Partner weiterzuleiten, musst du eine Shopify App Integration herunterladen. Den Link zum Download der App findest du entweder auf dem vorangehenden Link, im Shopify App-Store oder bei der Auswahl von deutschen Anbietern auf deren Webseite.

Preis und Liefereinstellungen

Aufgabe #9: Genaue Kalkulation von Herstellungskosten und erzieltem Gewinn

Wie viel kostet es dich, ein Shirt herstellen zu lassen? Wie viel Gewinn wirft ein Shirt ab? Notiere dir diese Zahlen auf den Cent genau auf - keine ungefähren Angaben! Als Unternehmer ist es wichtig, die genauen Zahlen deiner Bestellungen zu wissen. Kalkuliere deine Herstellungskosten ausführlich, nachdem du deinen Print-on-Demand Anbieter in deinen Online Shop integriert hast.

PREISPSYCHOLOGIE

Der Preis für Print on Demand Shirts wurde die vergangenen Jahre vom Markt bestimmt. Preise zwischen 17.99 - 22.99 € sind in Ordnung. Falls das angebotene Design deinem Kunden gefällt, ändern wenige Euros nicht seine Kaufintention, insofern sich der Preis in einem fairen Rahmen befindet. Jeder Händler möchte den Preis des Artikels so hoch wie möglich ansetzen, um Profite zu maximieren, ohne dabei gierig zu wirken.

Du bezahlst für die Herstellung und Lieferung eines Shirts durchschnittlich 11 € (Bsp. Printful). Ich setze die meisten Preise durch Verdoppeln meiner Herstellungs- und Lieferkosten, sodass noch genügend Spielraum für Werbebudget bleibt. Sobald ein deutscher Anbieter die

T-Shirt Produktion übernimmt, kann diese Formel nicht mehr angewendet werden.

Formel:
Herstellungskosten in € (inkl. Versand) x 2 = Preis ohne Versand

T-Shirt:	17.99€ - 22.99€ (+ 3.95€ Versand)
Longsleeve:	27.99€ - 32.99€ (+ 3.95€ Versand)
Hoodie:	34.99€ - 39.99€ (+ 3.95€ Versand)

Dein Gewinn
ENDPREIS - (Herstellungskosten + Lieferkosten) - Marketingbudget pro Kauf = DEIN GEWINN

Beispiel für ein T-Shirt
27 € ENDPREIS
11 € - HERSTELLUNGSKOSTEN
      (INKL. LIEFERKOSTEN)
 7 € - MARKETINGBUDGET
 9 € = DEIN GEWINN

Je niedriger deine Herstellungs- und Lieferkosten sind, desto mehr Werbebudget kannst du für den Verkauf eines Shirts investieren. Erhältst du von einem Kunden beispielsweise 27 € für den Verkauf eines Shirts, bleiben dir abzüglich der Herstellungskosten noch 16 € zum Werben. Soweit der CPO Wert (cost per order) eines Shirts bei 7 € liegt, generierst du mit jedem Kauf einen

Gewinn von 9 €. Hierbei bleibt unberücksichtigt, dass viele Kunden zwei Shirts, Pullis oder Longsleeves kaufen, womit für das zweite Shirt die Lieferkosten und die Kosten für Marketingbudget wegfallen. Für bestehende Dauerkunden musst du ebenfalls kein bis sehr wenig Marketingbudget aufwenden. Diese können lediglich durch eine kostenlose E-Mail oder einem kostenlosen Facebook-Post erneut zum Kauf aufgefordert werden. Da dich die Werbeanzeige lediglich 7 € für einen Kauf kostet, kannst du diese weiter skalieren und deinen Gewinn dadurch erhöhen. Für ein Werbebudget von 70 € erhältst du abzüglich aller Kosten folglich einen Gewinn von 90 €.

LIEFERKOSTEN (EINSTELLUNGEN – VERSAND)

PRODUKTGEWICHT

Nachdem du auf der Produktseite ein Shirt kreiert hast, setze stets das Gewicht des Shirts auf 0,1 kg. Dies ist wichtig, um später den Versand richtig berechnen zu können. Deine Kunden sehen diese Einstellung nicht. Diese ist nur wichtig für die Kalkulation der Lieferung im Hintergrund von deinem Shopify Shop.

VERSANDMETHODE: Auf Gewicht basierende Einstellungen

Unter „Domestic (Innerstaatlich)" kannst du aktuelle Versandmethoden löschen und „auf dem Gewicht basierende Tarife" auswählen. Nachdem du die folgenden Versandtarife eingetragen hast, zahlt der Kunde als Standardversand 3,95 € und für jedes weitere Shirt einen Aufpreis von 1 €. In meinen Augen und für meine Kunden scheinen diese Lieferkosten fair zu sein. Jedoch kannst du bei Bedarf deine eigenen Lieferkosten bestimmen.

REGELN: Auf dem Gewicht basierende Tarife

NAME	PREISKLASSE	HÖHE DES TARIFS
Standardversand	0,1 kg – 0,1 kg	3,95 €
Standardversand	0,2 kg – 0,2 kg	4,95 €
Standardversand	0,3 kg – 0,3 kg	5,95 €
Standardversand	0,4 kg – 0,4 kg	6,95 €
Standardversand	0,5 kg – 0,5 kg	7,95 €
Standardversand	0,6 kg – 0,9 kg	9,95 €
Standardversand	1,0 kg – 1,0 kg	10,95 €
Standardversand	1,1 kg – 1,4 kg	12,95 €
Standardversand	1,5 kg – 1,5 kg	13,95 €
Standardversand	1,6 kg – 1,9 kg	15,95 €
Standardversand	2,0 kg – 2,0 kg	16,95 €
Standardversand	2,1 kg – 2,4 kg	18,95 €
Standardversand	2,5 kg – 2,5 kg	19,95 €
Standardversand	2,6 kg – 2,9 kg	21,95 €
Standardversand	3,0 kg – 3,0 kg	22,95 €
Standardversand	3,1 kg – 999 kg	24,95 €

Zusätzliche Notizen

• Lösche das Gewicht deines Pakets, da ansonsten deine Lieferkosten durcheinandergebracht werden. Das Paketgewicht findest du unter den Versandtarifen am Checkout. Ich habe bei meinem ersten Shop vergessen, das Paketgewicht zu ändern. Folglich beendeten viele meiner Kunden ihren Einkaufsprozess, sobald der Preis für den Versand angezeigt wurde. Tagelang änderte ich Werbeanzeigen und Produkte, bis ich bemerkte, dass der Versand durch das Zusatzgewicht des Pakets zu hoch angesetzt war.

• Ich verkaufe neben T-Shirts in fast jedem meiner Shops auch Dropshipping Artikel und alternative Artikel. Um die gewünschten Preiseinstellung für den Versand deiner Artikel festzulegen, musst du lediglich das Gewicht des Produktes verändern.

• FREE + SHIPPING
Du hast dieses Angebot bestimmt schon in vielen Onlineshops gesehen. „Wir übernehmen den Artikelpreis, du übernimmst den Versand!" Falls du an solche einem Angebot interessiert bist, wähle 0,5 kg als Gewicht für deinen Artikel. Dadurch erhältst du für jeden „verschenkten" Artikel 7,95 €. Ziehe deine Herstellungskosten von diesem Preis ab. Sie sollten sich idealerweise zwischen 0 - 4 € befinden, sodass noch genügend Budgetfreiraum für Marketing vorhanden ist. Nach diesem Prinzip arbeiten ebenfalls www.eis.de,

www.clickfunnel.com, Autoren und viele andere Unternehmen.

Zeit für eine kleine Geschichte: Nach einer Rede auf einer Marketingmesse kam ein Herr (Person A) erzürnt zu mir und meinte, ich würde „Unsinn" verbreiten. „FREE + SHIPPING" sei längst ausgestorben.

Diskussion: Ist die Marketingmethode „Free + Shipping" ausgestorben?

Person A

„Ich habe es probiert und ich habe nur negative Erfahrungen damit gemacht. Außerdem habe ich es gegoogelt. Viele andere sind derselben Meinung wie ich."

Apo Svalley

„Wie hoch ist der Return On Investment (ROI) einer Gitarre für dich – oder der ROI eines Fußballs?"

Person A

„Was soll die Frage? Ich spiele keine Gitarre."

Apo Svalley

„Ich auch nicht. Für uns beide ist der ROI einer Gitarre oder eines Fußballs gleich Null. Doch betrachten wir einmal den ROI einer Gitarre für John Lennon oder den ROI eines Fußballs für Christiano Ronaldo, können diese beiden mit einem einfachen Gegenstand ganze Hallen unterhalten und dabei Millionen von Euros verdienen. Das Gleiche gilt auch für Marketingmethoden wie „FREE + SHIPPING", BOGO (buy one, get one free) oder Facebook Marketing. Nur weil viele Marketer in der Vergangenheit diese Marketingmethoden missbraucht haben, indem sie qualitativ schlechte Waren für wenige Cent versendeten, ist diese Marketingmethode noch lange nicht schlecht. Sobald dein Angebot gut ist und die Artikel nachgefragt sind, werden Kunden dein Angebot wahrnehmen bzw. kaufen. Dasselbe gilt für Facebook Marketing. Für eine Person, welche sich noch nie mit Online Marketing auseinandergesetzt hat, ist der ROI gleich Null. Erfahrene Marketer können jedoch innerhalb weniger Tage einzig und allein durch richtiges Facebook Marketing einen monatlichen Verdienst von mehreren tausenden Euros aufbauen [...]."

7 VERKAUFENDE DESIGNS KREIEREN LASSEN

Deine Designs sind kleine .png Dateien, welche dir monatlich mehrere tausende Euros einbringen können. Achte auf die Qualität deiner Designs, da Kunden in deinem Unternehmen eine Marke sehen. Sobald du Designs veröffentlichst, die mittelmäßig oder gar einfallslos sind, zweifeln Kunden an der Qualität deines Online-Shops.

Attraktive Designs recherchieren

Aufgabe #10: Attraktive Designs in deiner Nische recherchieren

Doch wie kreierst du nun Designs, die deine Kunden ansprechen? Um das herauszufinden, ist eine detaillierte Produktrecherche ausgesprochen wichtig. Die Designs werden von einem Designer deiner Wahl kreiert – deine Hauptaufgabe ist das Suchen von interessanten und begehrten Zitaten, Memes, Bildern und Sprüchen. Nachdem du eine Nische ausgewählt hast, kannst du Webseiten in derselben Nische aufsuchen und dich „inspirieren" lassen. Es ist in Ordnung, sich von anderen Shirts inspirieren zu lassen – doch es ist nicht in Ordnung, andere Designs zu stehlen. Notiere dir hierbei die besten Ideen. Übergebe nachfolgend die besten Designideen an deinen Designer, sodass er innerhalb von wenigen Tagen ein attraktives Design kreieren kann.

MINDMAP

Kreiere eine Mindmap zu deiner Nische, bei der du vorerst alle Informationen zusammenträgst, die dir einfallen. Beispielsweise zählen hierzu Shirts, welche du bereits gesehen hast, Facebook-Gruppen, Webseiten, Sprüche, Verkaufs- und auch Marketingideen. Bevor ich einen Shop starte, schreibe ich auf einem Blockblatt meinen ursprünglichen Businessplan auf, welcher sich im Laufe der Zeit oftmals ändert. Jedoch kann man immer wieder zurückblicken und ursprünglich gute Ideen im weiteren Verlauf des Geschäfts anwenden.

GOOGLESUCHE

Wir fangen mit der einfachsten Methode an: Google. Indem du deinen Suchbegriff googelst, kannst du alle nötigen Informationen zu deiner Nische heraussuchen. Darunter werden Konkurrenten, welche ähnliche Shirts verkaufen, ansprechende Zitate, Shirts, Bilder und vieles mehr kategorisiert.

Beispiele für die Google Suche
„Nische" Shop
„Nische" T-Shirts
„Nische" witzige T-Shirts
„Nische" Sprüche
„Nische" witzige Sprüche

TEESPY

Eine App, welche mir besonders in den Anfängen eines Shops immer wieder hilft, nennt sich TeeSpy. Diese Software ermöglicht dir, die meistverkauften Shirts deiner Nische in der aktuellen Woche, im aktuellen Monat und Jahr zu sehen. Diese Software verlangt eine monatliche Gebühr zwischen $30 - 90. Ich besitze die PRO Version ($47), welche vollkommen ausreichend ist. Falls ich eine Software finde, die noch besser als TeeSpy ist, werde ich das auf folgender Seite notieren.

Außerdem erhältst du von mir auf dieser Seite den Link zu einer kostenlosen Testversion von TeeSpy.

www.aposvalley.de/teespy

TEESPRING https://teespring.com/de
Teespring ist ein T-Shirt Anbieter, mit vielen inspirierenden Motiven. Auf diesen Webseiten zu surfen und die Designs von vielen verschiedenen Verkäufern zu sehen, kann dich zu neuen Designideen anregen. Außerdem kannst du auf diesen Webseiten deine Shirts ebenfalls veröffentlichen und durch organische Reichweite Verkäufe erzielen. Jedoch ist ein Stand Alone-Shop lukrativer, da die Darstellung der Nische und des Produktes individueller gestaltet und teurer angeboten werden kann.

Weitere Shirt Anbieter zur Designsuche

- SPREADSHIRT https://www.spreadshirt.de/

- SHIRTEE https://www.shirtee.com/de/

- SHIRTINATOR https://www.shirtinator.de

MEMES

Angesagte Memes sind Bilder, Videos, Blogs, Texte oder Webseiten, die sich wie ein Lauffeuer im Internet verbreiten. Das Verwandeln dieser Memes in Produkte ist ein genialer Marketingtrick, da diese bereits Anhang bei der Zielgruppe gefunden haben. Es ist ziemlich wahrscheinlich, dass dieses Meme bei den Kunden gut ankommen wird. Die besten Seiten zum Finden von Memes sind PINTEREST oder REDDIT.

E-COM LIBRARY

E-Com Library ist ein amerikanisches Unternehmen, welche Designs verkauft, die nach dem Erwerb aus dem Katalog entfernt werden. Dies garantiert, dass ein Design nur einmalig verkauft wird und keine Konkurrenz untereinander entsteht.

Mit einem Designer zusammenarbeiten

Die richtige Auswahl von Designern ist ein unglaublich wichtiger Bestandteil dieses Geschäftsmodells. Du kannst dir für wenige Euros ein Design kreieren lassen oder einen Designer bezahlen, der qualitativ hochwertig arbeitet. Nachdem du einige Designer gefunden hast, übergebe diesen probeweise einen Auftrag. Sondere unbedingt daraufhin schlechte Designer aus.

Auf welchen Webseiten kannst du Designer/Freelancer finden?

• **FIVERR   www.Fiverr.com**

Dies ist die billigste Anlaufstelle für freiberufliche Designer. Die Kosten für ein Design betragen auf dieser Seite wenige Euros - absolut nicht empfehlenswert. Viele Konkurrenten greifen auf Designs von Fiverr zurück, um sich Kosten zu sparen. Dies ist bereits auf den ersten Blick sichtbar und bringt mir selbst große Vorteile ein, da die Designs meiner Konkurrenten dadurch nur selten verkauft werden.

- **UPWORK** www.Upwork.com

Dies ist eine der leichtesten und besten Wege, um freiberufliche Designer zu finden. Im Schnitt kostet ein Design zwischen $20 - 30. Da Upwork alle Zahlungen in Dollar abrechnet, erhältst du die Designs für einen „billigeren" Preis. (Ich liebe den Dollar/Euro Umrechnungskurs!) Nachdem du eine Jobanzeige postest, in welcher du klar und deutlich die Anforderungen an deinen Designer stellst, bewerben sich verschiedene Freiberufler auf deine Anzeige.

- **MARKETDESIGNS** www.Marketdesigns.de

Im Laufe der Zeit wurde ich sehr oft gefragt, ob ich denn nicht meine persönlichen Designer zur Verfügung stellen kann. Da dies die zweite Aktualisierung dieses Buches ist, kann ich nun verkünden, dass es soweit ist: Auf MarketDesigns hast du nun die Möglichkeit, meine Designer, mit welchen ich jahrelang zusammenarbeite, für deine Online Shops zu buchen.

- **EBAY KLEINANZEIGEN**

Seit einigen Jahren ist die Ebay Kleinanzeigen Plattform perfekt, um freiberufliche deutschsprechende Freelancer anzustellen. Ich greife in den meisten Fällen auf Freiberufler aus dem Ausland zurück, jedoch kannst du die Möglichkeit nutzen, um ebenfalls mit deutschen Freiberuflern zu arbeiten.

- **LOKALE UNIVERSITÄTEN / FACEBOOK GRUPPEN VON UNIVERSITÄTEN**

Eine zweite Möglichkeit mit preisgerechten deutschen Freiberuflern zu arbeiten, ist das Einstellen von Studenten. Diese haben meistens die notwendigen Fähigkeiten und sind darüber erfreut, sich ein zusätzliches Taschengeld zu verdienen. Falls du den direkten Kontakt mit deinem Designer suchst, poste in lokalen Universitäten. Alternativ kannst du Universitäten aus Deutschland und auch aus Österreich auswählen.

Regeln für den Umgang mit Freelancern

• **KOMMUNIKATION**

Die Kommunikation zwischen dem Freelancer und dir erfolgt meistens auf Englisch. Keine Sorge: Wenige Freelancer sprechen perfektes Englisch.

• **DEINE NEUEN ANGESTELLTEN**

Du bist ab sofort der Chef für deine neuen Angestellten. Folglich musst du die Anweisungen geben und klar kritisieren, falls dir etwas nicht gefällt - auch wenn das die fünfte Überarbeitung deines Designs für deinen Freelancer bedeutet.

• **HANDELN**

Meine Mutter hat mich früher im Urlaub immer wieder auf den türkischen Bazar mitgenommen. Die wichtigste Lektion aus den langweiligsten Stunden meines Sommerurlaubes: Akzeptiere niemals den ersten Preisvorschlag eines Freelancers, da dieser meistens zu hoch angesetzt ist. Eine Anstellung ist ein Spiel von Angebot und Nachfrage. Du bezahlst einen angemessenen Preis und dafür willst du auch etwas Großartiges geboten bekommen, richtig?

- **BONUSZAHLUNGEN**

Bezahle einen Fixpreis ($20) und einen Bonus ($5). Durch zusätzliche $5 geben sich die Freelancer mehr Mühe und liefern am Ende des Tages ein besseres Ergebnis. Jeder möchte zusätzliches Geld verdienen.

- **ANGESTELLTENLIEBE**

Sobald du einen großartigen Freelancer gefunden hast, lasse ihn/sie nie wieder los. Ich liebe meine Freelancer. Ich sehe sie als einen Teil von meinem Unternehmen, weswegen ich sie auch ordnungsgemäß bezahle. Es hat mich lange Zeit gedauert, bis ich ein Team aus guten Designern zusammenstellen konnte und das Gleiche empfehle ich dir. Sobald du einen guten Designer findest, übergebe diesem deine Aufträge und pflege den Kontakt. Aber Achtung: Manchmal lassen Freelancer nach einiger Zeit die Arbeit schweifen. Gebe aus diesem Grund immer wieder Lob und Kritik ab. Akzeptiere nur Designs, welche deinen Vorstellungen entsprechen.

Eine Designerin, mit welcher ich das erste Mal vor Jahren zusammengearbeitet habe, ist heute immer noch ein Teil von meinem Team. Sie ist zuverlässig und liefert qualitativ hochwertige Arbeiten ab. Ich pflege den Kontakt mit ihr und habe sie sogar auf einen Urlaub nach München/Deutschland während dem letzten Oktoberfest eingeladen. Ein Design von ihr kostet mich im Schnitt 20 €, doch kann richtig vermarktet mehrere tausende Euros einbringen. Einmal fragte ich mich, ob das fair ist, dass ich aus einem 20 € Design von ihr mehrere tausende Euros einnehme. Willkommen im Unternehmerleben.

- **LIEBER ZU VIEL ALS ZU WENIG:**

Viele Leute machen den Fehler, dass sie ihren Freelancern zu wenig Informationen zukommen lassen. Schreibe lieber zu viele Informationen als zu wenig, sodass dein Freelancer eine klare Vorstellung erhält, was du dir wünschst. Ich sende immer mögliche Bilder mit, welche ein ähnliches Design vorzeigen. Alternativ kannst du auch ein von dir per Hand gezeichnetes Design senden.

- **PORTFOLIO**

Lass dir immer ein Portfolio zusenden, sodass du die Fähigkeiten deines Designers bereits im Vorfeld einschätzen kannst. Nichts ist anstrengender, als mit einem Designer zu arbeiten, dessen Fähigkeiten für einen Job nicht ausreichend sind.

BEISPIEL: Die erste Jobanzeige

Aufgabe #11: Veröffentlichung deiner ersten Jobanzeige

Nachdem du ein attraktives Design ausgesucht hast, kannst du auf verschiedenen Plattformen deine erste Jobausschreibung veröffentlichen. Im Folgenden befindet sich ein Beispiel für eine mögliche Jobausschreibung.

TITEL
Looking for a long-term t-shirt graphic designer

POST
I am currently looking for a [NISCHE] shirt designer. I own an online shop for [NISCHE] clothing. Summer starts soon and so does the sells. I am going to release a ton of designs. That's why I am looking for a new designer who is interested in a long-term job position.

The first task is to design a [KURZE DESIGNERKLÄRUNG] shirt.
I will give you the exact details of the design to make your life easier. Feel free to ask me questions anytime.

Please provide me with a portfolio of yours so I can check out if I like your past designs.

Greetings
[NAME]

BEISPIEL: Erste Designanweisung

Aufgabe #12: Designer einstellen

Im Schnitt erhältst du ziemlich viele Bewerbungen. Wähle aus diesen den qualifiziertesten Freelancer aus. Schreibe ihm eine ausführliche Designvorstellung und sende ihm eine Skizze mit. Nachdem du das fertige Design erhältst, kritisiere wenn nötig alle Punkte, die nicht deinen Vorstellungen entsprechen. Wiederhole diesen Schritt so oft, bis das Design perfektioniert ist.

NACHRICHT

Hi [NAME],

I like your application. I'm looking for a new design in the [NISCHE] Niche. Do you like to work in that [NISCHE] Niche? So. I am glad to create our first design together. I will attach you a design similar to what I am envisioning. Text [HIER DEUTSCHEN TEXT EINFÜGEN MIT ÜBERSETZUNGEN, SODASS ES FÜR DEINEN DESIGNER SINN ERGIBT]

Please use a font that makes sense with the niche and send me the end file with a transparent .png file (But I am sure, you know this already) at least with 2400px in width. It would be awesome if you can finish the file till next [ANGEMESSENES DATUM].

Glad to work with you, [NAME]. Greetings from Germany.

[+BILD]

Ersten Verkauf vorbereiten

Deine Arbeitsvorgänge sind meistens die Gleichen: Designs heraussuchen, einen passenden Designer finden, Produkte hochladen und Facebook Werbung schalten sowie managen. Diese Vorgänge wirst du mit der Zeit perfektionieren. Dadurch wird sich dein Umsatz voraussichtlich Woche für Woche erhöhen. Gleichzeitig wird dein Arbeitsaufwand geringer bzw. deine Arbeitseffektivität wird sich steigern. Dies führt wiederrum zu mehr passivem Einkommen und größerer finanzieller Freiheit. Doch bevor wir über hohe Gewinne reden können, müssen wir die Thematiken „Designupload" und „Marketing" nochmals durchgehen. Nachdem du das fertige Design von deinem Designer erhalten hast und keine weitere Überarbeitung mehr wünscht ist dein fertiges Design bereit zum Hochladen. Im Schnitt fordere ich drei Überarbeitungen an.

UPLOAD PROZESS EINFACH ERKLÄRT

Aufgabe #13: Erstes T-Shirt hochladen

1. PRODUKT ERSTELLEN
Je nach Print on Demand Anbieter unterscheidet sich der Upload-Prozess deiner Shirts. Insofern du Printful benutzt, kannst du auf „Shopify – Produkte hinzufügen" klicken. Hier gilt: Klicke dich durch die Einstellungen und finde heraus, wie du dein Produkt auf deiner

individuellen Plattform hochladen kannst. Dieser Prozess ist meistens sehr leicht gehalten.

2. GRÖßE, FARBE, ART

Im nächsten Schritt kannst du individuelle Größen (S, M, L, XL, 2XL, 3XL), verschiedene Farben und unterschiedliche Produktarten (T-Shirt, Longsleeve, Hoodie, Tasse...) hinzufügen, sodass alles auf einer Produktseite Platz findet.

3. SYNCHRONISIEREN

Im nächsten Schritt klickst du auf die Printful App und synchronisierst deine Shirts mit dem richtigen Design und der richtigen Größe. Dadurch kann der Lieferungsprozess automatisiert ablaufen. Sobald du die Einstellungen einmal getätigt hast, kannst du diese zukünftig immer wieder duplizieren und dir damit Zeit sparen.

Verkaufende Produktbeschreibungen schreiben

Aufgabe #14: Verfassen einer überzeugenden Produktbeschreibung

Nachdem dein Produkt synchronisiert ist, benötigst du eine überzeugende Produktbeschreibung. Diese ist im T-Shirt Geschäftsmodel kein ausschlaggebender Faktor, da hauptsächlich das Design des T-Shirts die Kaufentscheidung auslöst.

Fange deine Verkaufsbeschreibungen immer mit einer einfachen Frage an. Das Ziel ist es, den Kunden dazu zu bringen, die Frage mit „Ja" zu beantworten. Daraufhin folgt entweder ein Witz oder eine Aussage, die die Leidenschaft des Kunden bestätigt. Außerdem erhöhen Aussagen wie „nur für limitierte Zeit erhältlich", „nur solange der Vorrat reicht" oder „nicht im Laden erhältlich" die Kaufbereitschaft des Kunden. Erwähne außerdem unter jeder Produktbeschreibung die individuelle Lieferzeit und deine Lieferkosten.

Produktbeschreibungen beim Online-Handel von T-Shirts sind im Vergleich zu anderen physischen Produkten nicht schwierig. Solange du die grundlegenden Vorgaben beachtest, kannst du hierbei nicht viel falsch machen.

Beispiel Produktbeschreibung

[1] Liebst du Hunde? / Magst du Katzen? / Nichts geht über einen Kaffee am Morgen?

[2] Du wirst dieses Shirt absolut lieben! / Du wirst dieses Shirt nie wieder ausziehen!

[3] Erhältlich als Shirt, Pullover und Hoodie. Qualitativer Druck und weiches Material.

[4] Nur für kurze Zeit erhältlich!

[5] Individuelle Lieferkosten (Deutschland & International)

[6] Individuelle Lieferzeit (Deutschland & International)

8 ONLINE MARKETING UND SOCIAL MEDIA MARKETING

„Wer die notwendigen Fähigkeiten für erfolgreiches Online Marketing erlernt, dem steht vor allem in Deutschland eine blühende Zukunft bevor!"

Eine lebensverändernde Möglichkeit

Unternehmer, die kein Online Marketing und Social Media Marketing betreiben, büßen Umsatz ein. 80 % der lokalen Unternehmen besitzen 2018 immer noch keine ausreichende Onlinepräsenz. Eine Google-Suche nach den lokalen Unternehmen meiner Geburtsstadt bestätigt, Unternehmer besitzen keine ausreichenden Zeitkapazitäten. Diese wollen sich nach etlichen Jahren Marketing ohne Internet nicht mit den neuen Methoden des Social Media Marketings beschäftigen. Das heißt, dass Personen, die den richtigen Umgang mit Facebook- und Instagram-ADS lernen, sich eine Fähigkeit aneignen, welche zukünftig sehr wertvoll und nachgefragt sein wird.

Beispielsweise wurde ich vor wenigen Tagen von einem renommierten deutschen Online-Unternehmen gefragt, ob ich Interesse daran besäße, ihnen einzig und allein beim Facebook-Marketing auszuhelfen. Das Budget ihrer monatlichen Werbeanzeigen beträgt 100.000 €. Der monatliche Lohn für einen ziemlich geringen Aufwand beträgt 1 % (= 1000 €). Voraussetzung ist ein CPO (Cost per order = Kosten pro Bestellung) bzw. ein CPP (Cost per purchase) von unter 100 €. Anfangs war ich von diesem Zahlen ziemlich überrascht, da ich durchschnittlich mit meinen Werbeanzeigen einen CPO von 5 € anstrebe. CPO Wert von 100 €?! Das schafft jeder, der sich dieses Buch durchliest und wenige

Werbeanzeigen schaltet! Diese Unternehmen verzeichnen Gewinne, indem sie Kunden an ihren Service binden. Aus diesem Grund sind sie mit einem CPO-Wert von unter 100 € stets profitabel. Da mein Fokus im Moment auf dem Ausbau meiner Online-Präsenz liegt und ich somit Online-Marketing lehre, Bücher schreibe und das „Shirt Mentor Camp" aufbaue, entschied ich mich gegen diesen äußerst lukrativen und einfachen Auftrag. Doch wie würde sich dein Alltag erleichtern, falls du für wenige Stunden Arbeitsaufwand solch eine Auszahlung erhältst? Social Media Marketing ist eine Fähigkeit, welche in Deutschland nur von den wenigsten beherrscht wird.

Wieso sind Unternehmen bereit, einen solch hohen Preis für die Anwendung von Facebook Marketing zu bezahlen? Ganz einfach, die Marketingwelt ändert sich von Jahr zu Jahr. Vor 8 Jahren würde ich nicht von Facebook-, Instagram- und YouTube-Marketing schwärmen, sondern würde meine ganze Energie in Google AdWords investieren. Studenten, welche betriebswirtschaftliche Studiengänge besuchen, lernen wenige Strategien und Prinzipien für Social Media Marketing. Das Ändern des Lehrplans dauert sehr lange und muss durch viele Instanzen bestätigt werden. Bis Studenten eine komplette Social Media Marketing Vorlesung hören können, wird noch sehr viel Zeit vergehen. Ich arbeitete mit einer großen Bandbreite an Unternehmen zusammen, welche die fehlende Online Marketing Kompetenz bei Bachelorstudenten kritisieren. Glücklicherweise beschäftigen sich immer mehr Studenten in ihrer Freizeit mit dieser Thematik.

Eine weitere Erkenntnis hatte ich beim Besuch eines Marketingevents von Karl Ess, Online Marketer und YouTuber. Auf die Frage „wie viele Leute benutzen Facebook-Marketing?", meldeten sich höchstens 5 % der anwesenden Personen. Ich war - ähnlich wie Karl Ess - ziemlich überrascht. Karl entgegnete mit den Worten: „Oh. Das ist wenig. Was macht denn der Rest?" Ich konnte mir für den Rest des Vortrags mein Lächeln nicht mehr verkneifen.

Sobald du profitable Werbeanzeigen schalten kannst, besitzt du eine Fähigkeit, für welche Unternehmen bereit sind, sehr viel Geld zu bezahlen. Eine einfache Möglichkeit, um sich ein lukratives Nebeneinkommen zu beschaffen, ist neben der eigenen Social Media Werbung ein externes Social Media Angebot für lokale Unternehmen anzubieten. Lokale Unternehmen wie Beauty Studios, Friseure, Restaurants und Cafés verdienen sehr viel Geld pro angeworbenem Kunden. Durch eine Verbesserung ihrer Online-Präsenz könnten diese Unternehmen ihren Umsatz immens steigern.

Ich habe vor kurzem einem Beauty Studio eine Werbekampagne über Clickfunnel in Kombination mit einer einfachen Werbeanzeige von 50 € erstellt. Clickfunnel ist eine Software für die Erstellung von Webseiten. Mit Hilfe von dieser Werbekampagne konnte ich diesem Beauty Studio über 15 Kunden senden. Diese bezahlten pro Person 200 - 400 € im ersten Monat. Hierbei beachten wir nicht den Customer Lifetime Value. Nun kannst du dir ausrechnen, welch einen Betrag du für diese Anwendung in Rechnung stellen könntest. Das Beauty Studio gehört meiner Mutter und ich bot diesen Service deshalb kostenlos an. Ihren Umsatz durch eine einfache Werbeanzeige zu erhöhen, ist ein großartiges Gefühl. Dies hat mich mit der Erstellung der Webseite nicht einmal eine Stunde gekostet.

Der Anwendungsbereich von Facebook-Marketing ist nicht auf das Print on Demand Geschäftsmodell begrenzt, sondern du kannst ebenfalls Dropshipping betreiben und auch Social Media Anwendungen für lokale Unternehmen anbieten. Online Marketing hat mein Leben verändert und es kann ebenfalls dein Leben verändern. Ich kämpfte seit meinem Abitur mit Geldproblemen. Ich fing vier verschiedene Studiengänge an, von welchen ich die meisten nach einem Semester abgebrochen habe. Ich umreiste die komplette Welt, doch hatte immer im Hinterkopf, wie ich das Geld für die nächsten Monate zusammenkratzen könnte. Ich traf eine Entscheidung und mietete mir eine Wohnung in München. Hier schrieb ich mich in drei Online Marketing Kurse von amerikanischen Mentoren ein. Außerdem las jeden Monat mehrere Bücher und startete ein Unternehmen nach dem anderen. Mein Umfeld bekam meine zahlreichen Höhen mit, jedoch behielt ich die Tiefen für mich. Alle sahen nur meine zahlreichen Unternehmen, jedoch nicht, dass viele davon keinen Umsatz erzielten. Ich machte auf meinem Weg jeden erdenklichen Fehler. Diese Fehler sind außerdem im Kapitel „Wieso mache ich nicht meinen ersten Sell?!" nochmals für dich zusammengetragen. Wir starten nun mit dem umfangreichsten Kapitel dieses Werkes: Online Marketing. Mach dich bereit, eine lebensverändernde Fähigkeit zu erlernen.

Facebook Werbekampagnen: Einleitende Worte

Die meisten Tipps und Tricks sind an Facebook und Instagram Werbeanzeigen angepasst, doch können ähnlich für Google, YouTube, Snapchat, Twitter und alle restlichen Social-Media-Kanäle angewendet werden. Bevor du deine erste erfolgreiche Facebook-Werbeanzeige schaltest, musst du deine Zielgruppe richtig definieren und auswählen. Hierfür benötigst du eine Facebook-Fanseite und ein Facebook-Werbekonto.

Aufgabe #15: Facebook-Fanseite kreieren,

Nachdem du dich in deinen Account einloggst, kannst du deine Facebook-Fanseite in den Einstellungen unter „Seite erstellen" kreieren. Fülle alle notwendigen Informationen aus und versehe deine Seite mit einem interessanten Titelbild, Profilbild und Beiträgen. Lade außerdem deine Freunde ein, diese Seite mit „Gefällt mir" zu markieren. Doch zerbreche dir nicht den Kopf, eine bestimmte Anzahl an Likes zu erhalten. Anfangs erreichst du Kunden mit bezahlter Werbung. Deine Kunden werden direkt auf deinen Shop weitergeleitet. Im Laufe der Zeit erreichst du natürlich auch durch organische Reichweite Kunden. Plane in der Woche eine halbe Stunde ein, um für jeden Tag einen Post im Voraus einzustellen. Die „Planen" Funktion ermöglicht dir, Datum und Uhrzeit der Veröffentlichung im Vornherein festzulegen. Dies erhöht deine organische

Reichweite, das Vertrauen in deinen Shop und trägt zur positiven Markenbildung bei.

Aufgabe #16: Facebook-Werbekonto erstellen

www.business.facebook.com

Willkommen zum Back-End von Facebook: Das Facebook für Marketer.

Nachdem du dir auf dieser Seite einen Account erstellst, kannst du auf jede mögliche Marketing-Funktion zugreifen. Hierunter zählen verschiedenste Facebook-Werbeanzeigen, der Facebook-Pixel und vor allem Werbestatistiken. Erstelle für jeden neuen Onlineshop ein eigenes Werbekonto, sodass du die Übersicht über deine Abrechnungen im Auge behalten kannst. Nimm dir einen Augenblick Zeit und klicke durch die verschiedenen Funktionen und Vorteile deines neuen Kontos.

Zwischen verschiedenen Kampagnenzielen auswählen

Facebook bietet jedem Marketer das richtige Tool, um das gewünschte Resultat zu erzielen. Sobald du eine neue Werbeanzeige erstellst, bietet dir Facebook über zehn verschiedene Marketingmethoden an. Dies schreckt viele Anfänger ab. Außerdem wählen viele Online Marketer das falsche Kampagnenziel, da sie sich nicht die Zeit nehmen, die Algorithmen von Facebook näher kennenzulernen. Wir konzentrieren uns vorerst auf die wichtigsten AD-Formen. Erfahrene und erfolgreiche Marketer benutzen so gut wie immer dieselben Kampagnenziele, welche dir im Folgenden nähergebracht werden. Doch vorerst wird die Thematik diskutiert, nach welchen Daten Facebook ihre Benutzer kategorisiert.

Nach welchen Daten kategorisiert Facebook ihre Nutzer?

CONVERSION: Benutzer, die viel im Internet einkaufen und besonders von Facebook-Werbeanzeigen zum Kauf verleitet werden.

TRAFFIC: Benutzer, die oft auf Webseiten klicken, jedoch weniger gewollt sind, Artikel online zu bestellen.

INTERAKTIONEN: Benutzer, die viele Beiträge mit „Gefällt mir" versehen, kommentieren oder Freunde markieren.

Frage an dich: Zu welcher Kategorie gehörst du deiner Meinung nach? Ich bin mir sicher, dass mich Facebook unter „Traffic" kategorisiert. Ich klicke auf viele Werbeanzeigen, um diese genauer zu analysieren. Einen Kauf tätige ich jedoch sehr selten.

Der Mythos von PPC (pay per click)

In Online Marketing Kreisen wird der Begriff PPC oftmals falsch interpretiert. Viele Leute glauben, dass sie für eine Werbeanzeige bezahlen, sobald eine Person auf diese klickt. Das ist jedoch ein Mythos. Du bezahlst nicht sobald eine Person auf deine Werbeanzeige klickt, sondern dafür, dass Facebook deine Werbeanzeige 1000 Leuten vorstellt. Je gezielter dein Targeting ist und je stärker die Werbeanzeige mit deiner Zielgruppe sympathisiert, desto mehr senkt sich dein CPM (cost per thousand impressions) Wert. Da Leute nun vermehrt deine Werbeanzeige sehen, zahlst du weniger Geld für die Veröffentlichung dieser Werbeanzeige an 1000 Leute. Dies resultiert folglich mit einem niedrigeren „Pay per Click" Wert.

Analyse von Facebook Werbeanzeigen

Nachdem du eine Werbeanzeige schaltest, kannst du

alle wichtigen Informationen, Daten und Statistiken online einsehen. Dieses Feature ermöglicht dir, erfolgreiche Werbeanzeigen höher zu skalieren und profitlose Werbeanzeigen offline zu stellen. Der wichtigste Faktor ist hierbei der CPO Wert (cost per order). Je nach Kampagnenziel unterscheiden sich die Werte. Ein „Conversion-Klick" ist qualitativ hochwertiger und gewollter zu kaufen als ein „Traffic-Klick". Aus diesem Grund ist der „Conversion-Klick" teurer.

Wiederholung

CPO (cost per order) in Euro

Der „CPO Wert" wird verwendet, um die Kosten zu ermitteln, welche für die erfolgreiche Akquise eines Kunden (= Bestellung) aufgewendet wurden. Der CPO Wert wird errechnet, indem die Gesamtkosten deiner Marketingkampagne durch die Anzahl der erhaltenen Bestellungen dividiert wird.

CPM (cost per mille = cost per thousand impressions)

Viele Online-Anzeigen werden auf Basis der „CPM" abgerechnet. CPM beschreibt hierbei die Kosten für 1000 Impressionen. Sobald eine Werbeanzeige beispielsweise zum Preis von 10 € an 1000 Leute ausgeliefert wird, beträgt der Tausenderpreis 10 €.

CTR (click-through-rate)

Die „click-through-rate" ist das Verhältnis von Nutzern, die auf einen bestimmten Link klicken, zu der Gesamtanzahl der Nutzer, der diese Werbeanzeige angezeigt wurde. Dieser Wert wird häufig verwendet, um den Erfolg einer Online-Werbekampagne für eine bestimmte Webseite sowie die Effektivität der Kampagne zu messen.

CPC (cost per click) in Euro

Der „CPC Wert" beschreibt die Kosten eines Klicks auf eine Werbeanzeige.

Das wichtigste Kampagnenziel: Conversion ADS

Conversion ADS (Webseite)

Dies ist die erfolgreichste Methode, um deine Produkte online zu verkaufen. Conversion-Kampagnen beabsichtigen hierbei nicht nur Käufe. Wenn du im Menü das Conversion-Ziel „In den Einkaufswagen" auswählst, gilt es als ein erfolgreiches Conversion-Event, sobald ein Kunde das Produkt in den Einkaufswagen legt. Somit kannst du durch Conversion ADS nicht nur Käufe erzielen, sondern auch Leads sammeln.

Facebook besitzt eine riesige Datenbank an Informationen über jeden einzelnen Nutzer. Jede Aktivität innerhalb und auch außerhalb von Facebook wird hierbei notiert. Dies klingt im ersten Moment erschreckend. Das Unternehmen achtet jedoch darauf, dass diese Daten unter keinen Umständen an dritte Anbieter gelangen. Zwar kannst du deine Werbeanzeige genau auf deine Zielgruppe schalten, erhältst jedoch, insofern sie noch nicht deine Kunden sind, keine Namen oder persönliche Daten deiner Kunden.

Wieso Conversion ADS?

Conversion ADS gehören vergleichsweise zu den teureren Werbeanzeigen, zeigen dennoch die besten Resultate. Der durchschnittliche CPC-Wert ist teurer als bei Traffic Werbeanzeigen. Meine ersten Werbeanzeigen waren „Webseiten Traffic ADS". Durch diese hielt ich meinen CPC sehr niedrig. Das heißt für wenige Cent klickten Leute auf meinen Shop, doch dadurch erzielte ich wenige bis keine Verkäufe. Die Qualität pro Klick ist bei weitem nicht so gut wie bei Conversion ADS.

Ein weiteres Kampagnenziel: Interaktionen (PPE) ADS

Dieses Kampagnenziel ermöglicht dir, Interaktionen auf deinem Beitrag zu sammeln. Wie der Name bereits sagt, ist dies weniger nützlich, um Verkäufe zu erzielen. Du kannst auf einen Beitrag sowohl eine „Conversion AD", als auch „Interaktionen Ads" gleichzeitig laufen lassen, um mehrere „Gefällt mir"-Angaben, Kommentare und gleichzeitig organische Reichweite zu kreieren.

Schritt für Schritt: Deine erste Facebook Werbeanzeige mit Conversion (Webseite) ADS

Aufgabe #17: Erste Facebook-Werbeanzeige schalten

Conversion Event

Welche Art von Conversion-Event beabsichtigst du? Du kannst beispielsweise zwischen „Inhalt anzeigen", „In den Einkaufswagen", „Lead", „Kauf" und vielen anderen Events unterscheiden.

Für den Anfang gilt:
„In den Einkaufswagen" > „Käufe"

Insofern du noch keine Verkäufe auf deiner Webseite erzielt hast, starte deine Webseiten Conversion AD mit dem Conversion Event „In den Einkaufswagen". Nachdem du 50 - 100 erfolgreiche Verkäufe generiert hast, kannst du das Conversion Event auf „Käufe" stellen. Deine Werbeanzeige und insbesondere dein Pixel benötigen Käufer, bis diese automatisch die optimalen Einstellungen für deine Werbeanzeige anpassen können. Das Conversion Event direkt auf „Käufe" zu setzen, wird deine AD Leistung senken.

Direkt eine Webseiten Conversion AD mit dem Conversion Event „Käufe" zu schalten ist ähnlich wie eine Frau anzusprechen und sie innerhalb der ersten Sekunden zu fragen, ob sie mit dir schlafen möchte. Gib ihr (deiner Facebook Werbeanzeige) die benötigte Zeit: Generiere 50 - 100 Käufe. Erst danach kannst du all deine Werbeanzeigen auf „Käufe" stellen.

Zielgruppe

Das richtige Definieren der Zielgruppe ist ein unglaublich großer und wichtiger Themenbereich. Aus diesem Grund befindet sich im weiteren Verlauf des Werkes ein extra Kapitel hierfür. Bevor du deine erste Werbeanzeige schaltest, arbeite das Kapitel „Zielgruppen bestimmen (Targeting) – Teil 1 und 2" durch.

Platzierungen

Wo sollen deine Werbeanzeigen platziert werden? In den meisten Fällen sorgen Facebook (Feeds, Instant Articles) und Instagram (Feed, Stories) für das beste und günstigste Ergebnis.

Budget und Zeitplan

Setze dein Tagesziel auf ein Budget von 5 € und lass die Werbeanzeige 5 Tage durchlaufen, um ein T-Shirt zu testen. Ausgehend von den Resultaten kannst du diese Werbeanzeige hochskalieren oder deaktivieren.

[Klick: Weiter]

Identität: Facebook-Seite und Instagram Konto

Dein Unternehmen wird in der Werbeanzeige von der ausgewählten Facebook-seite und dem Instagram-

Konto repräsentiert. Füge hier deshalb deine neu erstellten Seiten ein.

Beitragsformat
Du kannst zwischen verschiedenen Beiträgen auswählen, welche für Conversion ADS in Frage kommen.

Beitragsformat #1: Fotobeitrag (1200x1200 Pixel)
Ein normaler Fotobeitrag mit Beschreibung.

Beitragsformat #2: Linkbeitrag (1200x628 Pixel)
[In Kombination mit Darkpost]
Sobald dein potentieller Kunde auf das Werbebild drückt, wird dieser auf die gewünschte Webseite weitergeleitet.

Beitragsformat #3: Videobeitrag (1200x1200 Pixel oder 1280x720 Pixel)

Da sich Facebook immer mehr zu einer videobasierten Social Media Plattform entwickelt, wie Herr Zuckerberg in seinen letzten Berichten erwähnte, ist das Bewerben von Videos im Vergleich zu Fotos günstiger. Allerdings ist dies gleichzeitig mit einem höheren Aufwand verbunden. Werbeanzeigen mit Video ADS erzielen vergleichsweise einen besseren CPM-Wert als Fotobeiträge.

Tools für ein erfolgreiches Werbevideo

• Adobe Premiere Pro

• Freelancer auf Fiverr: www.fiverr.com

Produktbeschreibung

Produktbeschreibungen in deinem Facebook-Beitrag sind wichtiger als deine Produktbeschreibungen im Shop. Hierbei gilt ebenfalls: Deinen Kunden gefällt das Design. Die Beschreibung rückt erneut in den Hintergrund. Um das bestmögliche Ergebnis zu erhalten, implementieren wir verschiedene Marketingstrategien in die Beschreibung.

Lenke die Aufmerksamkeit des Kunden durch ein attraktives Produktfoto in Kombination mit einer Frage oder einem „Call-to-Action" auf deinen Werbebeitrag. Daraufhin folgen Emojis, Aussagen zum Produkt oder individuell gestaltete Produktbeschreibungen.

Beispiel 1 Weihnachtssweater für Frauen

[Produktfoto]

[EMOJI] Dir gefällt dieser Chihuahua Weihnachtssweater?

[EMOJI] Hier geht's zum Shirt: [Link]

[EMOJI] Markiere eine Freundin, der das gefallen würde!

Beispiel 2: Basketballshirt für Männer

[Produktfoto]

[EMOJI] Limitierter Verkauf – wird nicht in Shops angeboten!

[EMOJI] Klicke hier: [Link]

[EMOJI] Markiere einen Freund, der dieses Shirt lieben würde!

Weitere verkaufsstarke Aussagen:

- Über 5.000 verkaufte Einheiten in diesem Jahr!
- Weniger als 100 Einheiten noch verfügbar!
- Achtung: Die letzten 24 Stunden!
- Unser beliebtestes Produkt aus diesem Jahr...

Veröffentlichungslevel

Veröffentlichungslevel #1: Live Post [bestehenden Beitrag verwenden]

Beim Live Post handelt es sich um einen normalen Facebook-Beitrag, welcher auf deiner Fanseite veröffentlicht wird. Im Vergleich zum Darkpost sammelt dieser mehr Interaktionen und führt somit, aufgrund der hohen Anzahl von „Gefällt mir"-Angaben, „Kommentaren" und „Geteilten Beiträgen", zur automatischen Vorselektion. Dieser psychologische Trick nennt sich „social proof". Liveposts müssen kreiert werden, bevor diese beworben werden können.

Veröffentlichungslevel #2: Darkpost [Werbeanzeige erstellen]

Falls du eine Werbeanzeige auf Facebook entdeckst, welche nicht auf der Fanseite gelistet wird, wurde diese über einen „Darkpost" veröffentlicht. Dies hat den Vorteil, dass Konkurrenten deine Posts/Beiträge/Produkte nicht stehlen können. Dies ist ebenfalls hilfreich, sobald du mehrere Produkte am Tag veröffentlichst und deinen Followern nicht direkt drei verschiedene neue Produkte an einem Tag zeigen möchtest. Durch einen Darkpost kannst du Beiträge „versteckt" bewerben.

WIEDERHOLUNG:
WELCHES KAMPAGNENZIEL MUSS ICH BENUTZEN?

- Produkte Testen?

Antwort: Webseiten Conversion ADS

- Skalieren?

Antwort: Webseiten Conversion ADS

- Produkte verkaufen?

Antwort: Webseiten Conversion ADS

- Produktverkauf mit Videobeiträgen?

Antwort: Webseiten Conversion ADS

- Retargeting deiner Kunden?

Antwort: Webseiten Conversion ADS

Effektives Targeting und Zielgruppen bestimmen – Teil 1

Der wichtigste und zeitintensivste Faktor für erfolgreiche Werbeanzeigen ist das richtige Bestimmen der Zielgruppe. Gehe hierbei immer nach dem gleichen Prinzip vor: Teste verschiedene Interessensgruppen einer Nische und analysiere, in welcher Interessensgruppe sich potentielle Käufer befinden.

Aufgabe #18: Identifikation der potentiellen Käufer einer Nische

1. Kategorisiere verschiedene Interessensgruppen.
2. Speichere verschiedene Interessensgruppen.
3. Teste verschiedene Interessensgruppen.
4. Dokumentiere die Resultate und wähle künftig nur noch profitable Interessensgruppen aus.

1. Identifiziere verschiedene Interessensgruppen

Dies ist die wichtigste Aufgabe beim Analysieren von Interessensgruppen. Kategorisiere stets nach denselben Interessensgruppen. Je nach Nische unterscheidet sich die Anzahl und die Kaufbereitschaft der Personen in der Interessensgruppe. Eine potentielle Reichweite von 75.000 - 500.000 Personen in einer gespeicherten Zielgruppe ist perfekt. Im Folgenden sind die unterschiedlichen möglichen Interessensgruppen abgebildet. Ich werde einige Beispiele aufführen, um dir ein Bild von dieser Taktik zu verschaffen.

Beispiel 1: Entrepreneurship

Interessensgruppe:
Breitgefächerte Interessensgruppen

In dieser Zielgruppe sind allgemeine Interessensgruppen angegeben. Obwohl diese Zielgruppen sehr groß sind, werden sie durch eine allgemeine Kategorisierung sehr unpräzise. Aus diesem Grund kannst du von Überkreuzungen Gebrauch machen, um die Zielgruppen zu schmälern und gleichzeitig deine erreichten Personen genauer zu bestimmen. Personen des öffentlichen Lebens wie Gary Vaynerchuck oder Tai Lopez kann man aufgrund der hohen Reichweite unter anderem in „breitgefächerte Interessensgruppen" oder in die „Promis Interessensgruppen" kategorisieren. Manchmal überschneiden sich zwei Interessensgruppen.

Nische: Entrepreneurship
Standorte: Deutschland, Österreich, Schweiz
Alter: 20 - 65
[Notiz: Erfahrungsgemäß besitzt der Großteil der Personen bis 20 Jahren nicht allzu viel Geld auf dem Konto oder einen eigenen PayPal Account bzw. eine Kreditkarte.]

Detailliertes Targeting (1):

Hier kannst du alle amerikanischen Unternehmer aufzählen, welche zu der Kategorie „Entrepreneurship" gehören. Im Folgenden gebe ich dir einen kleinen Ausblick von einem (möglichen) Targeting:

- Brian Tracy
- Gary Vaynerchuck
- Grant Cardone
- Napoleon Hill
- Robert Kiyosaki
- Russell Brunson
- Tai Lopez
- Tim Ferriss

Potenzielle Reichweite: 3.400.000

Überkreuzungen, um Zielgruppen genauer zu bestimmen.

Hierbei wird jede Person mitberücksichtigt, welche mindestens für einen Unternehmer ein „Gefällt mir" hinterlassen hat. Da unter dieser breitgefächerten Interessensgruppe eine hohe Anzahl an Personen kategorisiert wird, welche beispielsweise nur bei einem Gewinnspiel mitmachen wollten oder welche Tai Lopez' Autos weiterhin ansehen wollten, sind unter 3.400.000 Leuten viele dabei, die nicht eine unglaubliche Leidenschaft an Entrepreneurship besitzen. Um dieses Problem zu lösen, überkreuzen wir eine Zielgruppe.

Detailliertes Targeting (2):

Hierbei wählen wir den Interessensbereich, welcher die meisten Personen kategorisiert und grenzen die Zielgruppe erneut ein.

Spalte 1:

- Brian Tracy
- Grant Cardone
- Napoleon Hill
- Robert Kiyosaki
- Russell Brunson
- Tai Lopez
- Tim Ferriss

Spalte 2:

- Gary Vaynerchuck (mit über 12 Millionen Interessen)

Neue potenzielle Reichweite: 1.500.000 Personen

Die neue Reichweite von ca. 1,5 Millionen Personen kategorisiert Unternehmer genauer, da sie unbedingt (1) Gary Vaynerchuck und (2) eine, der oben aufgezählten Unternehmer mit „Gefällt mir" markiert haben müssen. Dies garantiert eine neu definierte Zielgruppe mit leidenschaftlicheren Unternehmern. Da die Reichweite immer noch zu groß ist, wählen wir unter Spalte 1 die Person aus, welche die größte Reichweite besitzt und grenzen die Zielgruppe weiter ein.

Detailliertes Targeting (3):
Spalte 1:
- Brian Tracy
- Napoleon Hill
- Robert Kiyosaki
- Russell Brunson
- Tai Lopez
- Tim Ferriss

Spalte 2:
- Gary Vaynerchuck

Spalte 3:
- Grant Cardone

Neue potenzielle Reichweite: 770.000 Personen

Diese Überkreuzung kannst du solange durchführen, bis du deine gewünschte Größe erreichst. Die optimale Zielgruppe befindet sich zwischen 75.000 - 500.000. Da du alle Unternehmer miteinander kreuzt, entsteht eine neue Zielgruppe, welche ziemlich genau auf deine Wünsche angepasst ist. Eine Entrepreneur Werbeanzeige, die auf „Detailliertes Targeting (1)" geschaltet wird, ist bei Weitem nicht so erfolgreich, wie eine Werbeanzeige, die auf „Detailliertes Targeting (3)" geschaltet ist.

Exkurs: Klingt zu gut, um wahr zu sein?

Durch Überkreuzungen kannst du Interessensgruppen erstellen, welche sehr genau definiert sind und dir einen niedrigen CPO (cost per order) beschaffen. Je mehr Werbeanzeigen du schaltest, desto sicherer wirst du im Umgang mit diesen. Du hast einen Freund, der mit Facebook Marketing seine Produkte vertreibt? Rufe ihn sofort an und erzähle ihm von dieser Marketingmethode, sodass er sich zukünftig tausende von Euros sparen kann. Das Schreiben dieses Kapitels hat mir viel Spaß gemacht, weshalb ich zukünftig ein weiteres Buch über dieses Thema schreiben möchte. Bei diesem gehe ich tiefer in die Materie ein, was im Rahmen eines T-Shirt Buches nicht möglich ist. Falls du dich dafür interessierst, wie du neben dem Verkauf von T-Shirts auch mit Dropshipping, Facebook- und Instagram-Marketing, Social Media Marketing und vielem mehr online Geld verdienen kannst, besuche die folgende Webseite:

www.aposvalley.de/buecher

Der durchschnittliche Millionär besitzt sieben verschiedene Einkommensquellen. Dazu zählen verschiedene Unternehmen und Wertanlagen, welche er sich im Laufe der Jahre aufgebaut hat. Am Anfang meiner Online Marketing Karriere führte ich ein Gespräch mit meinem Freund und Geschäftspartner.

Dieser startete seine Karriere zeitgleich mit mir. Wir sprachen über unsere Einkommensquellen bis ihm auffiel, dass ich im Vergleich zu ihm viele verschiedene Quellen habe, mit denen ich Geld einnehme und dass mein Einkommen seines bei Weitem übersteigt. Im Folgenden sind die Beispiele von Unternehmen aufgeführt, mit welchen ich anfangs mein Kapital weiter ausbaute und welche du kopieren kannst.

Online Marketing Einkommensquellen

• Print on Demand und Dropshipping Shops
Ich erkannte früh das Potential hinter Shopify und E-Commerce. Meine ersten Shops waren verhältnisweise miserabel, doch ich lernte mit jedem fehlgeschlagenen Shop hinzu. Jede Lektion bringt dich näher an dein Ziel. Jedes fehlgeschlagene Produkt lehrt dir weitere Lektionen.

• Freelancing auf Upwork
Upwork bietet die perfekte Plattform, um für deine Freelancing Fähigkeiten bezahlt zu werden. Online Marketer mit Deutschkenntnissen werden weltweit gesucht und dabei sehr gut bezahlt. Melde dich als Freelancer an und baue dir ein weiteres finanzielles Standbein auf!

- Lokale Unternehmen

Trotz meines Startkapitals durchlebte ich eine Zeit, in welcher ich meine letzten finanziellen Ressourcen aufbrauchte. Zeitgleich rief ich verschiedene lokale Unternehmen an und bat ihnen meine Online Marketing Dienste kostenlos für ihre ersten Kampagnen an. So gut wie alle Kunden bezahlten mich wenige Wochen später für weitere Kampagnen.

Notiz: Schenke deinen Kunden ihre erste Kampagne, da viele (ältere) Unternehmer das Potenzial hinter Online Marketing nicht verstehen. Sobald die ersten Resultate zu sehen sind, kannst du hohe Beträge für deine Dienste in Rechnung stellen.

- Jobagenturen im Ausland

Eine etwas anspruchsvollere Methode, um sich ein Nebeneinkommen aufzubauen, sind Social Media Jobagenturen im Ausland. Durch meine erste gegründete Jobagentur in Sydney konnte ich meinen Australienaufenthalt genießen, ohne dabei finanzielle Probleme zu haben. Zuvor musste ich in einer Mine arbeiten, um mir Kapital aufzubauen. Ein erleichterndes Gefühl, nicht mehr meterweit unter die Erde steigen zu müssen!

- Investments

Nachdem ich angefangen habe, regelmäßig Geld zu verdienen, investierte ich monatlich einen prozentualen Anteil meines Einkommens in Wertanlagen. Zu meinen erfolgreichsten Anlagen gehören meine Investitionen in Kryptowährungen im Jahr 2017. Ist es heute bereits zu spät, um in Kryptowährungen einzusteigen? Ich würde sogar behaupten, die Zeit ist noch gar nicht gekommen. Als Online Marketing Sympathisant erkannte ich früh die Möglichkeiten, welche sich mit Kryptowährungen und durch die neue Technologie der Blockchain ergaben. Der Kryptomarkt befindet sich momentan bei 250 Milliarden Dollar und wird in den folgenden Jahren auf mindestens 10 Billionen Dollar ansteigen. Du willst ebenfalls mit Kryptowährungen dein Einkommen vermehren? Werfe einen Blick in die Kryptowährungen Investment Bibel. In dieser erfährst du alles, was du zum Thema wissen musst (www.aposvalley.de/KryptoBibel). Auf meinem YouTube Channel findest du hingegen kostenlose Informationen über diese Thematik, falls du dich dafür interessierst, wie du dein verdientes Vermögen richtig reinvestieren kannst und jährliche Profite daraus gewinnst.

Dies war nur ein Bruchteil meiner verschiedenen Einkommensquellen, welche ich mir im Laufe der Jahre erarbeitet habe. Diese sollen dazu dienen, dich zu motivieren und sie sollen dich auf neue Ideen bringen. Da dies ein Buch über passives Einkommen und finanzielle Freiheit ist, habe ich dieses Buch nicht stur in eine Richtung geschrieben, sondern stetig mit persönlichen Erfahrungen und weitergeführten Gedanken erweitert.

Effektives Targeting und Zielgruppen bestimmen – Teil 2

Beispiel 2: Hunde

Interessensgruppe:
Facebook-Fanseiten

Standorte: Deutschland, Österreich, Schweiz
Alter: 20-65

Detailliertes Targeting (1):

Nachdem du einen Begriff in die Facebook- und Google-Suche eingibst, schlägt dir Facebook ähnliche Begriffe vor, nach welchen du aussondern kannst. Mische beispielsweise niemals Facebook-Seiten über Hunde mit Hundezubehör oder Hundefilmen.

- Mein Hund
- Dog Lover
- Dog Lovers Club
- Dogs Fans
- I love dogs
- I love my dog
- Ich liebe meinen Hund!

Potenzielle Reichweite: 1.700.000 Personen

Detailliertes Targeting (2):

Spalte 1
- Mein Hund
- Dog Lover
- Dog Lovers Club
- Dogs Fans
- I love my dog
- Ich liebe meinen Hund!

Spalte 2
- I love dogs (Reichweite: Über 13 Millionen)

Potenzielle Reichweite: 500.000 Personen

Beispiel 3: American Football

Interessensgruppe:
Filme / Serien
Standorte: Deutschland, Österreich, Schweiz
Alter: 20-65

Detailliertes Targeting (1):
Da mir keine Football Filme bekannt sind, tippe ich in Google erstmal den Begriff „Filme Football" ein. Die bekanntesten Filme übernehme ich in die Facebook Zielgruppenliste und lasse mir weitere Filme vorschlagen. Ich erhalte dieses Resultat:

- An jedem verdammten Sonntag
- Blind Side – Die große Chance
- Coach Carter
- Draft Day
- Gegen jede Regel
- Spiel auf Bewährung
- Spiel ohne Regeln

Potenzielle Reichweite: 52.000 Personen – Keine weitere Überkreuzung notwendig

Beispiel 4: Bodybuilding

Interessensgruppe:
Berühmte Persönlichkeiten
Standorte: Deutschland, Österreich, Schweiz
Alter: 20-65

Detailliertes Targeting (1):
- Arnold Schwarzenegger
- Jay Cutler
- Kai Greene
- Lazar Angelov
- Markus Rühl
- Phil Heath
- Ronnie Coleman
- Simeon Panda

Potenzielle Reichweite: 2.800.000 Personen

Detailliertes Targeting (2):

Spalte 1:
- Jay Cutler
- Kai Greene
- Markus Rühl
- Phil Heath
- Ronnie Coleman
- Simeon Panda

Spalte 2:
- Lazar Angelov

Spalte 3:
- Arnold Schwarzenegger

Potenzielle Reichweite: 130.000 Personen

Beispiel 5: Kaffee

Interessensgruppe:
Ausstattung

Standorte: Deutschland, Österreich, Schweiz
Alter: 20-65

Detailliertes Targeting (1):
- Espressomaschine
- Kaffeemaschine
- Kaffeemühle
- Kaffeepad
- Kaffeeröster

Potenzielle Reichweite: 1.400.000 Personen

Detailliertes Targeting (2):

Spalte 1:
- Espressomaschine
- Kaffeemühle
- Kaffeepad
- Kaffeeröster

Spalte 2:
- Kaffeemaschine

Potenzielle Reichweite: 75.000 Personen

Beispiel 6: House und Techno Musik

Interessensgruppe:

Events

Standorte: Deutschland, Österreich, Schweiz

Alter: 20-65

Detailliertes Targeting (1):

- Tomorrowland
- Creamfields
- Echelon
- Electric Love Festival
- Ikarus
- Let it Roll
- Mysteryland
- Nature One
- Sea Dance Festival
- Street Parade
- Utopia Island

Potenzielle Reichweite: 1.900.000 Personen

Detailliertes Targeting (2):

Spalte 1:

- Creamfields
- Echelon
- Electric Love Festival
- Ikarus
- Let it Roll

- Mysteryland
- Nature One
- Sea Dance Festival
- Street Parade
- Utopia Island

Spalte 2:
- Tomorrowland

Potenzielle Reichweite: 200.000 Personen

Beispiel 7: Camping

Interessensgruppe:
Marken

Standorte: Deutschland, Österreich, Schweiz
Alter: 20-65

Detailliertes Targeting (1):
- Columbia Sportswear
- Jack Wolfskin
- Mammut
- Patagonia
- Salomon
- The North Face

Potenzielle Reichweite: 2.100.000 Personen

Detailliertes Targeting (2):

Spalte 1:
- Columbia Sportswear
- Jack Wolfskin
- Mammut
- Patagonia
- Salomon

Spalte 2:
- The North Face

Potenzielle Reichweite: 380.000 Personen

2. Speichere verschiedene Interessensgruppen

Nachdem du einzelne Interessensgruppen gespeichert und individuell benannt hast, kannst du zu Schritt 3 übergehen. Je mehr Interessensgruppen du hast, desto mehr Produkte kannst du veröffentlichen, da du eine hohe Anzahl an möglichen Kunden besitzt.

3. Teste verschiedene Interessensgruppen

In welcher der Interessensgruppen befinden sich die meisten Käufer? Um dies herauszufinden, testen wir jede Interessensgruppe zwei Mal. Hierfür benötigst du mindestens vier verschiedene Interessensgruppen und vier verschiedene Shirts. Jedes Produkt und jede Interessensgruppe erhält zwei separate Chancen. Wie immer: 5 € für 5 Tage.

Der Test

Facebook AD #1: Produkt 1 mit Interessensgruppe 1

Facebook AD #2: Produkt 2 mit Interessensgruppe 2

Facebook AD #3: Produkt 3 mit Interessensgruppe 3

Facebook AD #4: Produkt 4 mit Interessensgruppe 4

Facebook AD #5: Produkt 4 mit Interessensgruppe 1

Facebook AD #6: Produkt 3 mit Interessensgruppe 2

Facebook AD #7: Produkt 2 mit Interessensgruppe 3

Facebook AD #8: Produkt 1 mit Interessensgruppe 4

4. Kategorisiere und dokumentiere die Resultate

Du kannst durch diesen Test sehr viele Daten über deine Nische sammeln. In welcher Interessensgruppe befinden sich die Gewinner? Ausgehend von diesen Daten kannst du neue Shirts explizit für die Interessensgruppe designen lassen, welche am kaufwilligsten ist.

Facebook Pixel installieren und anwenden

Vor du deine ersten Werbeanzeigen schaltest, solltest du unbedingt ein Facebook-Tool installieren, welches dir dabei hilft, deine Social Media Anzeigen optimal zu nutzen: Der Facebook Pixel.

Der Pixel ist ein unsichtbarer Code, welcher sich auf jeder einzelnen Seite von deinem Shop befindet. Die einzige Aufgabe dieses Codes ist das Sammeln von Daten über deine Kunden. Bei jedem Besuch wird der Pixel trainiert und sammelt mehr und vor allem detailliertere Informationen über deine potentiellen Kunden. Er hilft dir, Conversions von Facebook-Anzeigen nachzuverfolgen, Anzeigen basierend auf gesammelten Daten zu optimieren, zielgerichtete Personengruppen für zukünftige Anzeigen zu erstellen und qualifizierte Leads, die bereits etwas auf deiner Webseite unternommen haben, zu retargeten. Er funktioniert, indem er Cookies platziert und auslöst. Dadurch verfolgt er Nutzer, während diese mit deiner Webseite und deinen Facebook-Anzeigen interagieren.

Vorteile des Facebook Pixels

Vorteil #1: Verfolgen von Conversions

Mit dem Facebook-Pixel kannst du verfolgen, wie die Nutzer nach dem Anzeigen deiner Facebook-Anzeige mit deiner Webseite interagieren. Du kannst Kunden sogar über ihre Geräte hinweg verfolgen, sodass du beispielsweise siehst, ob Nutzer deine Anzeige auf dem Handy sehen, aber vor dem Kauf auf einen Desktop wechseln - oder umgekehrt. Diese Informationen können dir dabei helfen, deine Werbestrategie zu verfeinern und den Return on Investment zu berechnen.

Vorteil #2: Retargeting

Mithilfe der Pixel Tracking Funktion kannst du gezielt Anzeigen für Nutzer schalten, die deine Webseite bereits besucht haben. So kannst du beispielsweise Personen eine Anzeige für genau das Produkt zeigen, welches sie zuvor in den Einkaufswagen gelegt haben. Aus diesem Grund erstelle ich sogar für Webseiten, für welche ich noch keine Facebook-Werbeanzeigen schalte, zuallererst meinen Facebook Pixel, sodass er auf dieser Seite sitzt und alle Daten tracken kann.

Aufgabe #19: Installation des Facebook Pixels

Da Shopify und Facebook zusammen kooperieren, benötigst du keine Codierungsfähigkeiten, um den Facebook Pixel zu installieren. Dies wird größtenteils von Shopify übernommen.

Schritt 1: Kreiere für deinen Werbe-Account einen Facebook Pixel

In deinem Werbe-Account findest du unter dem Menüpunkt „Messung und Berichte" den Unterpunkt „Pixel".

Schritt 2: Erstelle deinen Pixel

Benenne deinen Pixel und akzeptiere die Bedingungen. Berücksichtige bei der Auswahl des Pixelnamens, dass du für jedes Anzeigenkonto nur einen Pixel erstellen kannst.   ,

Schritt 3: Installiere den Code auf deiner Shopify Seite

Nachdem dein Pixel erstellt wurde, kopierst du den erhaltenen Code. Auf deiner Webseite kannst du unter „Online Store – Einstellungen" diesen Code im Feld „Facebook-Pixel" einfügen. Dein Facebook-Pixel ist somit erfolgreich installiert und trackt künftige Benutzerdaten.

Werbeanzeigen richtig managen

„Was ist falsch mit meiner Werbeanzeige?!"

Die meisten Fehler unterlaufen in der Erstellung von Werbeanzeigen. Zuallererst ist es wichtig, realistische Erwartungen an deine Werbeanzeige zu haben.

Faktoren für eine erfolgreiche Werbeanzeige

- Richtiges Targeting
- Attraktives Produkt
- Leidenschaftliche Nische
- Produkt passt auf die Bedürfnisse deiner Käufer
- Überzeugende Beschreibung deiner Werbeanzeige
- Überzeugendes Produktbild
- Verschiedene Faktoren auf deiner Webseite (Lieferung, Vertrauen, Produktbeschreibung, ...)

Produkte testen mit 5 € für 5 Tage: Kein Cent mehr oder weniger!

Sobald deine Werbeanzeige bereits 5 € verbraucht hat und immer noch keinen Verkauf erzielt, besteht kein Grund zur Panik! Im Schnitt besteht deine Gewinnmarge aus 10 - 18 € pro verkauftem Shirt. Folglich heißt das, dass du bei 10 € investiertem Marketingbudget und einem Verkauf am dritten Tag immer noch eine profitable Werbeanzeige hättest! Facebook benötigt wenige Stunden bis Tage, bis deine Anzeige die richtigen Leute erreicht. Gute Anzeigen von mir, welche ich später auf vierstellige Einsätze hochskalierte, generierten erst am dritten Tag Verkäufe. Was wäre passiert, wenn ich bereits nach 10 € die Werbeanzeige unterbrochen hätte? Wahrscheinlich hätte ich nie wieder eine Werbeanzeige für das Shirt kreiert und viele Kunden hätten das Shirt nicht gekauft. In meinem ersten Dropshipping Shop deaktivierte ich meine erste Werbeanzeige bereits nach 7 €. 7 Euro?! Facebook bekam nicht einmal eine faire Chance, die vollen Kapazitäten ihres Werbedienstes zu entfalten. Ich schaltete weitere Werbeanzeigen auf verschiedenste Produkte in diesem Shop. Jede Werbeanzeige deaktivierte ich zwischen 5 - 15 €. Wie du dir sicherlich denken kannst, schloss ich nach einem insgesamten Werbeeinsatz von 30 - 40 € meinen Shop. Der Gedanke des ersten Sells schien mir so weit wie noch nie!

Um zu verstehen und um dich zu warnen, welche Fehler ich anfangs machte, warf ich noch einmal einen Blick auf meine ersten Werbekampagnen. Alle Faktoren sprachen für gutes Targeting, ein gutes Produkt und eine gute Werbeanzeige. Doch ein Fehler stach mir immer wieder ins Auge: Das Werbebudget! Hätte ich die Werbeanzeige mit 25 € durchlaufen lassen, hätte ich bereits mit meinem ersten Shop einen profitablen Shopify E-Commerce Shop aufgebaut.

Ich warf vor wenigen Tagen einen Blick auf die Werbeanzeigen eines Freundes, welcher eine

Promotion-Agentur in Spanien besitzt. Obwohl sein monatlicher Verdienst durch seine Agentur im fünfstelligen Bereich liegt, deaktivierte er 80 % seiner Werbeanzeigen schon zwischen 3 - 10 € (Und er kreierte ziemlich viele davon!). Wenige Anzeigen liefen bis 20 €, bevor er diese schlussendlich auch unterbrach. Sein Fehler? Werbebudget und realistische Erwartungen. Lektion? Unterbreche niemals deine Werbeanzeige, bevor sie nicht mit 5 € an 5 Tagen aktiv war.

Realistische Erwartungen: Deine ersten zehn T-Shirts
Insofern du genügend Zeit mit dem Aufbau deines Shops verbracht hast, attraktive Designs kreieren lässt und das Targeting richtig durchführst, teile ich dir nun mögliche und realistische Resultate eines Online Marketing Anfängers mit:

6 von 10 Werbeanzeigen:	0 – 1 Verkäufe pro Shirt
3 von 10 Werbeanzeigen:	1 – 2 Verkäufe pro Shirt
1 von 10 Werbeanzeigen:	3 + Verkäufe pro Shirt

Erfahrungsgemäß scheitern bei Anfängern sechs von zehn Shirts. Drei Shirts machen moderate Verkäufe und lediglich ein Winning Shirt wird sehr oft verkauft. Der Gewinn resultiert aus dem richtigen Skalieren des Winning Shirts und erstreckt sich bis hin zu fünfstelligen Umsätzen im Monat. (Kapitel: Skalieren)

Aufgabe #20: Analyse deiner laufenden Werbeanzeigen nach Szenario #1, Szenario #2 und Szenario #3

„Was ist falsch mit meiner Werbeanzeige?!"

Szenario #1: Keine Verkäufe, trotz hohem Engagement und vielen Webseitenklicks

Dein Targeting ist durch das hohe Engagement gut und die Kunden sind an dem Produkt interessiert, da sie auf deine Webseite klicken. Doch durch Faktoren wie zu teure Lieferung, nicht vertrauenswürdige Webseite, unprofessionelles Logo uvm. sind potentielle Kunden abgeneigt, das Produkt zu kaufen.

Szenario #2: Hohes Engagement, aber keine Klicks

Deine Zielgruppe ist mit der Botschaft des Produkts einverstanden und gibt dir aus diesem Grund einen Klick, ein Like, einen Kommentar oder teilt den Beitrag. Doch das Shirt kommt für sie nicht in Frage. Beispielsweise könntest du ein Basic Shirt mit dem Spruch „Ich liebe Hunde" designen und dieses an Hundebesitzer targeten. Diesen wird der Beitrag gefallen und sie werden ihre Freunde markieren, doch aufgrund des unattraktiven Designs werden nur wenige bis hin zu keinen Verkäufen zu Stande kommen.

Szenario #3: Kein Engagement und keine Klicks

Falls deine anvisierte Zielgruppe nicht einmal eine „Gefällt mir" Angabe abgibt, ist dein Targeting von Grund auf falsch angesetzt. Lese dir noch einmal das Kapitel „Zielgruppen bestimmen" durch und sehe dir hierzu die vorgegebenen Beispiele an. Bilde gegebenenfalls neue Interessensgruppen und führe verschiedene Tests durch, bis du eine profitable Interessensgruppe gefunden hast.

Anzeichen für eine profitable Werbeanzeige

1. VERKAUFTE EINHEITEN
2. CPM-Wert unter 10 €
3. CTR-Wert über 1 % bzw. CPC-Wert unter 1 €

Am Ende des Tages sind diese Daten nur Anzeichen für eine profitable Werbeanzeige. Achte jedoch verstärkt auf deine verkauften Einheiten. Daten wie CPM, CTR und CPC sind interessant anzusehen und zu analysieren, jedoch irrelevant, wenn deine Shirts keine Verkäufe tätigen.

Nach dem Produkttest: CUT oder SKALIEREN

Aufgabe #21: Skalieren oder Deaktivieren deiner Werbeanzeige

Nachdem du ein Produkt getestet hast, gibt es nur zwei Entscheidungsmöglichkeiten:

1. CUT

Deine Werbeanzeige hat nach 25 € Werbebudget keinen Verkauf erzielt? Unterbinde die Werbeanzeige. Falls Faktoren wie CPM, CTR und CPC gute Zahlen geschrieben haben, verdient das Produkt einen weiteren Test.

2. SKALIEREN

Deine Werbeanzeige ist profitabel? Durch richtige Skalierungsmöglichkeiten kannst du nun deinen Gewinn maximieren. Im nächsten Kapitel erfährst du mehr über vier verschiedene Skalierungsmöglichkeiten, welche du bei jedem profitablen Produkt anwenden kannst.

Richtig Skalieren

Mit Hilfe des Facebook Pixels und durch richtiges Skalieren, können wir unglaubliche Gewinne erzielen. Bevor wir uns näher mit den verschiedenen Skalierungsformen beschäftigen, kümmern wir uns um neue Zielgruppen. Diese machen das Skalieren erheblich effektiver und können dir sehr viel Geld einbringen. Am Ende des Kapitels findest du sechs Schritte, die dir Schritt für Schritt einen effektiven Skalierungsablauf beibringen.

Custom Audiences
(Business Facebook-Konto – Werbeanzeigenmanager – Zielgruppen)

Eine „Custom Audience" ist eine Zielgruppe, mit der du als Unternehmen bereits in Kontakt warst. Diese Zielgruppen kannst du im Werbeanzeigenmanager kreieren und im weiteren Verlauf explizit über Facebook-Werbung ansprechen.

Nachdem du dich in deinem Businessmanager auf Facebook eingeloggt hast und den Unterpunkt Zielgruppen ausgewählt hast, landest du auf einer Seite, welche sehr oft von Facebook überarbeitet wird und deshalb immer wieder Neuerungen enthält. Zuallererst erstellen wir auf dieser Seite verschiedene Zielgruppen durch „Custom Audiences". Im Folgenden erhältst du eine Liste der Custom Audiences, welche ich für jedes einzelne Unternehmen benutze. Diese werden bei jedem Besuch aktualisiert und berücksichtigt. Aus diesem Grund sind diese Zielgruppen stets aktuell und benötigen keine Überarbeitung.

Aufgabe #22: Vier Custom Audiences erstellen

Custom Audience 1: Webseiten-Traffic
Diese Audience ermöglicht dir, alle Besucher deiner Webseite erneut zu retargeten oder eine mögliche Lookalike Audience zu erstellen.

Name der Zielgruppe:
CA_Alle_Webseitenbesucher_180Tage
Einstellungen:
Personen einbeziehen, die [ALLE] der folgenden Kriterien erfüllen:
Alle Webseitenbesucher in den letzten 180 Tagen.

Custom Audience 2: Webseiten Traffic – bestimmtes Produkt
In den meisten Fällen möchtest du eine Zielgruppe erstellen, welche ein bestimmtes Produkt angesehen hat. In diesem Fall kannst du eine Custom Audience erstellen, welche eine bestimmte Webseite besucht hat.

Name der Zielgruppe:
CA_Webseitenbesucher_Produkt_Test1
Einstellungen: Personen, die bestimmte Webseiten

besucht haben in den letzten 180 Tagen.

URL enthält: [Hier Webseitenlink des Produkts einfügen]

Custom Audience 3: Webseiten Traffic – bestimmte Nische

Eine weitere Custom Audience, welche besonders profitabel sein kann, ist die nischenbasierte Audience. In einem meiner Shops verkaufe ich Kleidung, welche besonders für Fußballfans attraktiv ist. Aus diesem Grund habe ich eine Custom Audience für Fußballfans generiert. In dieser gespeicherten Zielgruppe füge ich alle Produkte hinzu, welche fußballrelevant sind. Im weiteren Verlauf kann ich beim Release eines neuen Fußballshirts diese gespeicherte Zielgruppe zum Verkauf meines neusten Shirts targeten. Da diese sich bereits als fußballinteressierte Webseitenbesucher herausgestellt haben, indem sie zuvor ein Fußballprodukt angeklickt haben, ist das Targeting sehr genau.

Name der Zielgruppe:

CA_Webseitenbesucher_Fußballnische

Einstellungen:

Personen, die bestimmte Webseiten besucht haben in den letzten 180 Tagen:

URL enthält: [Hier alle Webseitenlinks deiner Nischenprodukte (Bsp. Fußball einfügen)]

Custom Audience 4: Interaktionen – Facebook-Seite Interaktionen

Um alle Personen zu einer Zielgruppe zusammenzufassen, die mit deiner Fanseite in Verbindung waren, kannst du unter dem Menüpunkt „Interaktionen" eine neue Custom Audience erstellen.

Name der Zielgruppe: CA_Interaktionen_Fanseite
Einstellungen:
Alle, die mit deiner Seite interagiert haben. In den letzten 365 Tagen.

Lookalike Audiences (LAA)

Aufgabe #23: Vier Lookalike Audiences erstellen

Eine „Lookalike Audience" gibt dir die Möglichkeit, neue Personen zu erreichen. Diese sind mit großer Sicherheit an deinem Unternehmen interessiert sind, da sie deinen besten Bestandskunden ähneln. Facebook ermittelt die Gemeinsamkeiten der Personen aus deiner Source Audience. Beispielsweise kannst du eine „Custom Audience" als Ursprungs-Audience auswählen. Basierend auf den Daten deiner vergangenen Kunden ermittelt und vergleicht Facebook nun die gesamte Kundenbasis und schlägt dir in deiner Lookalike Audience Personen vor, die deinen vergangenen Kunden ähneln. Im Allgemeinen empfiehlt Facebook eine Source Audience, die zwischen 1.000 und 50.000 Personen enthält.

Im übertragenen Sinne heißt dies: Sobald du für ein Produkt 1000 Webseitenbesucher hast, kannst du für diese 1000 Webseitenbesucher eine Custom Audience erstellen, in der Facebook alle Daten dieser Personen vergleicht und zusammenfasst. Im nächsten Schritt kannst du eine Lookalike Audience mit einer Größe von mehr als 370.000 Personen kreieren. Sie ähnelt all deinen potentiellen Käufern. Im Folgenden werden dir Beispiele einer möglichen Lookalike Audience aufgezeigt. Hierzu musst du die Custom Audience Quellen bereits als Zielgruppe gespeichert haben.

Lookalike Audience 1: LAA Webseitenbesucher
Quelle: CA_Alle_Webseitenbesucher_180Tage
Ort: Deutschland, Österreich, Schweiz

Lookalike Audience 2: LAA für ein bestimmtes Produkt
Quelle: CA_Webseitenbesucher_Produkt_Test1
Ort: Deutschland, Österreich, Schweiz

Lookalike Audience 3: LAA für eine bestimmte Nische
Quelle: CA_Webseitenbesucher_Fußballnische
Ort: Deutschland, Österreich, Schweiz

Lookalike Audience 4: LAA aus Interaktionen mit deiner Fanpage
Quelle: CA_Interaktionen_Fanseite
Ort: Deutschland, Österreich, Schweiz

Vertikal Skalieren

Aufgabe #24: Vertikales Skalieren deiner Werbeanzeigen

Nachdem du nun die Custom Audiences und die Lookalike Audiences kreiert hast, kannst du im Fall eines Winning Shirts weiter skalieren. Werbeanzeigen, die kein Profit generieren, werden nach 25 € abgeschaltet. Konzentriere dich nach dem Test nur auf Produkte und Werbeanzeigen, welche profitabel sind. Vertikales Skalieren gehört hierbei zu der wichtigsten Skalierungsmöglichkeit. Mit 5 € Werbebudget wirst du keine erheblichen Gewinne verzeichnen können. Kein Onlineshop mit einem monatlichen fünfstelligen Einkommen wird aus einem pro AD-Budget von 5 € kreiert. Sobald ein Produkt bzw. eine Werbeanzeige profitabel ist, nehme mehr Geld in die Hand und erhöhe deinen Gewinn. Erhöhe hierbei dein Budget so schnell wie möglich. Ich habe mir eine feste Uhrzeit (jeden Morgen um 08:00 Uhr) gesetzt, an der ich meine Werbeanzeigen und die Resultate kontrolliere und ggf. hoch- bzw. auch runterskaliere.

Handle niemals emotional – vertraue den Daten

Für viele Beginner ist es am Anfang erschreckend, das tägliche Budget einer Werbeanzeige von 5 € auf bis zu 150 € zu erhöhen. Es wird Tage geben, in denen du mit einem täglichen Werbebudget von 20 € über zehn Verkäufe in deinem Shop verzeichnest und andere Tage, an denen du mit 20 € keinen Verkauf tätigst. Das ist normal und das ist Teil jedes Unternehmens. Wichtig hierbei ist, niemals emotional zu handeln, sondern sich lediglich auf die Daten zu verlassen. Aus diesem Grund habe ich für dich bei einer Marge von 10 € folgende Skalierungsregeln für das vertikale Skalieren zusammengestellt. Achtung: Diese Skalierungsregeln gelten nur für Phase zwei von Winning Shirts, nachdem sie nach den ersten fünf Tagen profitabel sind.

VERTIKALE SKALIERREGELN

TAGESBUDGET 5 €

VERKÄUFE	BUDGET NEU	GEWINN
0	5 €	-5 €
1	10 €	5 €
2	10 €	15 €
3	20 €	25 €
4	20 €	35 €
5	25 €	45 €

TAGESBUDGET 10 €

VERKÄUFE	BUDGET NEU	GEWINN
0	10 €	-10 €
1	10 €	0 €
2	20 €	10 €
3	20 €	20 €
4	25 €	30 €
5	25 €	40 €
6	30 €	50 €

TAGESBUDGET 20 €

VERKÄUFE	BUDGET NEU	GEWINN
0	15 €	-20 €
1	15 €	-10 €
2	20 €	0 €
3	20 €	10 €
4	30 €	20 €
5	30 €	30 €
6	35 €	40 €
7	40 €	50 €

TAGESBUDGET 35 €

VERKÄUFE	BUDGET NEU	GEWINN
0	25 €	-35 €
3	35 €	-5 €
6	50 €	25 €
9	75 €	55 €

TAGESBUDGET 50 €

VERKÄUFE	BUDGET NEU	GEWINN
0	35 €	-50 €
4	50 €	-10 €
8	75 €	30 €
12	100 €	70 €

TAGESBUDGET 75 €

VERKÄUFE	BUDGET NEU	GEWINN
0	50 €	-75 €
6	75 €	-15 €
12	100 €	45 €
18	125 €	105 €

TAGESBUDGET 125 €

VERKÄUFE	BUDGET NEU	GEWINN
0	100 €	-125 €
11	125 €	-15 €
18	150 €	55 €
23	175 €	105 €

TAGESBUDGET 150 €

VERKÄUFE	BUDGET NEU	GEWINN
0	100 €	-150 €
13	150 €	-20 €
20	175 €	50 €
27	200 €	120 €

Horizontal Skalieren

Aufgabe #25: Horizontales Skalieren deiner Werbeanzeigen

Horizontal Skalieren nach Interessensgruppen

Die einzige Intention vom horizontalen Skalieren ist es, neue Möglichkeiten für vertikales Skalieren zu kreieren. Nachdem du die ursprüngliche Werbeanzeige und somit das ursprüngliche Produkt vertikal skaliert hast, bietet sich nun die Möglichkeit, eine neue Werbeanzeige auf dasselbe Winning Shirt mit bereits zuvor kreierten Interessensgruppen (Magazine, Gruppen, Marken, ...) zu platzieren. Du kannst die ursprüngliche Werbeanzeige duplizieren und lediglich die Zielgruppe ändern. So vermehre ich die Werbeanzeigen von einem Winning Shirt auf über zehn Werbeanzeigen in einer Nacht. Teste jede Werbeanzeige mit einem Werbebudget von 25 € von neu und skaliere ausgehend von den individuellen Resultaten.

Die Interessensgruppen bilden hierbei deine „Munition". Je mehr Interessensgruppen du bereits gebildet hast, desto mehr „Munition" hast du, um Verkäufe zu erzielen. Beispielsweise habe ich in einem meiner Shops zehn verschiedene Interessensgruppen. Beim erfolgreichen Skalieren eines Produkts kann ich neben vertikaler Skalierung stets auf neun weitere

Interessensgruppen skalieren. Neben der vertikalen und horizontalen Skalierung kannst du darüber hinaus noch Retargeting-Werbeanzeigen schalten und die zuvor kreierten LAA-Audiences targeten.

Horizontal Skalieren durch Retargeting

Für die Allgemeinheit mag es seltsam sein, wenn in deren Facebook-Feed eine Werbeanzeige für eine kürzlich zuvor besuchte Webseite erscheint. Für den Online Marketer hingegen ist das Retargeting eines der effektivsten Mittel, um potenzielle Kunden erneut auf das Produkt aufmerksam zu machen. Tatsächlich erzielt diese Methode mit die höchsten Werbeeinnahmen für Werbetreibende.

Facebook ermöglicht es, Retargeting bemerkenswert einfach zu gestalten. Nach dem Erstellen der Custom Audience „CA_Webseitenbesucher_Produkt_Test1" (Kapitel „Custom Audiences") kannst du gezielt deinen Kunden, welche zuvor deine Webseite besucht haben, erneut mit Werbeanzeigen dasselbe oder ein ähnliches Produkt vermarkten. Vielleicht bietest du diesmal einen Rabatt oder kostenlosen Versand an. Um meinen Retargeting-Post und das spezielle Angebot nur für Leute sichtbar zu machen, die bereits meine Seite besucht haben, erstelle ich für meine Retargeting Kampagnen einen Darkpost mit Linkbeitrag, welcher ein spezielles Angebot vermarktet, dass nur noch heute gültig ist.

Horizontal Skalieren durch LAA Audiences

LAA Audiences bieten dir eine weitere Möglichkeit der horizontalen Skalierung. Wie bereits besprochen, wertet Facebook die Daten der Besucher deiner Webseite oder deines Produkts aus und erstellt ausgehend von diesen Daten eine Lookalike Audience mit über 400.000 Mitgliedern. Erfahrungsgemäß funktionieren diese LAA Audiences länger und effektiver als Targeting nach Interessensgruppen. Hier gilt ebenfalls: Teste diese Werbeanzeige mit 5 € für 5 Tage und werte die Ergebnisse anschließend aus.

Nach Kampagnenziel skalieren

Aufgabe #26: Skalieren nach Kampagnenziel

Neben der Möglichkeit der vertikalen und horizontalen Skalierung bietet sich ebenfalls die Möglichkeit, nach Kampagnenziel zu skalieren. Facebook kategorisiert Personen innerhalb einer Zielgruppe nach Personen, welche vermehrt online einkaufen (Conversion), auf Links klicken (Traffic Kampagnenziel), „Gefällt mir" Angaben und Kommentare abgeben (Interaktionen), und nach vielen anderen Kampagnenzielen.

Sobald du nun eine Conversion Werbeanzeige auf eine Zielgruppe von 100.000 Personen geschaltet hast, wird diese nur Personen in der Zielgruppe angezeigt, welche in der Vergangenheit bereits gewollt waren, einzukaufen. Beachtet werden muss, dass hierbei keine Personen erreicht werden, die zwar Interesse an dem

Produkt hätten, von Facebook jedoch zur Kategorie „Traffic" oder „Interaktionen" gezählt werden. Aus diesem Grund kannst du parallel zu deinen erfolgreichen „Conversion-Werbeanzeigen" weitere „Traffic- und Interaktions-Werbeanzeigen" schalten.

Bonus: Retargeting über YouTube

Viele Online Marketer berücksichtigen nicht, dass Marketing auf verschiedenen Kanälen möglich ist. Sobald du das Potential hinter Retargeting erkennst, kannst du dir sicherlich vorstellen, wie profitabel das Retargeten der Kunden auf einer anderen Werbeplattform ist. Hierfür musst du dich lediglich bei Google AdWords anmelden. Da YouTube vor einigen Jahren von Google aufgekauft wurde, kannst du über die Google AdWords Plattform nicht nur Google Werbung, sondern auch YouTube Werbung schalten. Nachdem du erfolgreich einen Google AdWords Account kreiert hast, steht dir unter „Audience Manager" ein YouTube Pixel zur Verfügung, welchen du in den Quelltext deiner Webseite integrieren kannst. Diesen Pixelcode musst du im Vergleich zum Facebook Pixel durch Codierung einfügen. Hierfür öffnest du deinen Shop und bearbeitest den Code unter „Online Store – Themes – Edit Code". Je nach Theme musst du diesen Code in den Header hinzufügen, sodass dieser auf jeder einzelnen Seite integriert wird. Schaue dir speziell für dein Theme ein kostenloses YouTube Video an, schreibe dem Kundensupport oder stelle mir deine aufkommenden Fragen an info@aposvalley.de. Das restliche Werbeanzeigen-Interface von YouTube ist ähnlich wie beim Werbekonto-Manager von Facebook aufgebaut. Erstelle dein Werbevideo unter deinem YouTube Account und bewerbe diesen an die Custom Audience Webseitenbesucher, welche du unter „Audience Lists" erstellen kannst. Werbevideos deiner Produkte kannst du auf www.Fiverr.com oder www.upwork.com kreieren lassen. Retargeten auf YouTube für Shirts und physische Produkte ist im Vergleich zu Facebook konkurrenzlos und sehr billig.

Beispiel: Schritt für Schritt Skalierungsablauf

1. Werbeanzeige 1 für Produkt 1 ist profitabel.
(Nach 25 € Produkttest = vertikale Skalierung)
Ab hier gelten die Skalierungsregeln, welche im vorherigen Kapitel aufgeführt wurden oder die du per Email erhalten hast. Lerne, diese Regeln anzuwenden und richtig einzusetzen.

2. Horizontal Skalieren nach Interessensgruppen
Nachdem du die erfolgreiche Werbeanzeige 1 für Produkt 1 vertikal skaliert hast, kannst du neue Werbeanzeigen mit deinen verschiedenen Interessensgruppen, die du zuvor gebildet hast, veröffentlichen.

3. Retargeting Werbeanzeige
Schalte parallel zu deinen vertikalen und horizontalen Skalierungsanzeigen eine Retargeting-Werbeanzeige. Diese soll das Produkt erneut allen Webseitenbesuchern, die das Produkt nicht gekauft haben, aufzeigen. Implementiere in dieser Retargeting-Werbeanzeige ein spezielles Angebot oder eine Meldung, welche besagt, dass nun die letzten Produkte verkauft werden.

4. Werbeanzeige mit einer LAA Audience
Nachdem dein Facebook Pixel genügend Daten (1000 Besucher +) über Produktbesucher und -käufer gesammelt hat, kannst du deine erste LAA Audience

Werbeanzeige zu diesem Produkt schalten. Diese wird meistens bessere Resultate als deine ursprünglichen Werbeanzeigen generieren. Deine LAA Audience wird außerdem mit jedem Kunden gezielter und verbessert sich Tag für Tag, sobald Kunden deinen Shop besuchen.

5. Skalieren nach Kampagnenzielen

Sobald du mittlerweile verstehst, wie man richtig skaliert, solltest du ca. zehn Werbeanzeigen geschaltet haben. Von diesen skalierst du erfolgreiche Werbeanzeigen vertikal weiter und deaktivierst profitlose Werbeanzeigen. Weitere erfolgreiche Werbeanzeigen kannst du außerdem nun auch nach Kampagnenziel skalieren, um alle möglichen Personen der Interessensgruppe zu erreichen (Traffic- & Interaktionen-Werbekampagnen).

6. BONUS: Retargeting über YouTube

Insofern du über YouTube werben möchtest, ist es empfehlenswert, deinen YouTube Pixel parallel zu deinem Facebook-Pixel in deiner Webseite zu integrieren. Nachdem dein YouTube Pixel genügend Daten gesammelt hat, kannst du dir ein Produktvideo kreieren lassen und dieses Video über YouTube bewerben. Retargeting mit YouTube ist vergleichsweise sehr billig.

9 KUNDENSUPPORT UND RETOURENMANAGEMENT

Aufgabe #27: Erstellen einer FAQ-Seite

Kundensupport

Der Kundensupport gehört zu den ersten Aufgaben, die du im Verlauf deines E-Commerce Shops outsourcen kannst. Hierzu findest du in deinem Freundeskreis, in Facebook Gruppen oder auf „Upwork.com" englischsprachige Mitarbeiter, die die Mails einmal am Tag beantworten können. Dir wird ziemlich schnell auffallen, dass Kunden immer wieder dieselben Fragen stellen. Aus diesem Grund empfehle ich dir eine klar durchdachte und strukturierte FAQ-Seite, welche die Fragen beantwortet, die immer und immer wieder gestellt werden. Hierzu zählen Fragen zur Größe der Shirts, Art der Lieferung, Lieferkosten und Fragen zum aktuellen Status der Lieferung.

Omnipräsenz

Eine Telefonnummer auf deiner Seite kann deinen E-Commerce Umsatz stark erhöhen, da diese erstens Vertrauen beim Neukunden schafft und zweitens bei dringenden Fragen gewählt werden kann. Falls es dir unangenehm ist, kannst du deine Telefonnummer durch eine E-Mail ersetzen. Da ich meinen Kunden gerne nahe bin, findest du auf jeder meiner Webseiten eine Telefonnummer. Hierfür kannst du dir ein Telefon und eine spezielle SIM-Karte für 20 € bestellen und hast dadurch die Möglichkeit, außergewöhnlichen Kundenservice anzubieten und gegebenenfalls noch mehr Artikel am Telefon zu verkaufen.

Installiere den Facebook-Messenger und deinen Mailzugriff auf deinem Handy und beantworte anfangs jeden Tag mindestens einmal Kundenfragen und -mails.

Retourenmanagement

Das europäische Verbraucherrecht räumt Käufern weitreichende Optionen (bis hin zur Rückgabe) ein. Es ist mittlerweile selbstverständlich geworden, im Internet bestellte Ware bei Bedarf wieder zurückschicken zu können. Retouren sind im Allgemeinen selbstverständlich ein Ärgernis für Online-Händler. Darüber hinaus ist die Ware nach dem Zurücksenden oftmals keine Neuware mehr. Deshalb muss für das Retourenmanagement ein klarer und durchdachter Prozess entwickelt werden. Eine „Verkauf und Rückerstattung" Seite beschreibt die Rechte deines Käufers bei Rücksendungen. Nimm dir die Zeit, diese Seite so ausführlich wie möglich zu gestalten und wähle die Rücksendeoption aus, welche am angenehmsten für dich ist. In meinen größeren Markenshops bitte ich meine Kunden, die bestellte Ware **an meine Unternehmensadresse** zurückzusenden. Nach Eingang der Ware erhalten sie ihr Geld zurück. In einem anderen Shop erstatte ich das Geld, ohne dass sie die Ware zurücksenden müssen und bitte sie, das T-Shirt an Hilfsbedürftige zu spenden. Dein Shop – deine Regeln.

10 NOTWENDIGE APPS FÜR DEINEN SHOP

Aufgabe #28: Download von wichtigen Apps

Mit über 1200 Apps im Shopify App Store bieten sich viele Möglichkeiten, um die Funktionalität deines Online-Shops zu erweitern. Ob du Kundenrezensionen hinzufügen, E-Mail-Marketing betreiben, Produkte auf Facebook veröffentlichen oder spezifischere Produktseiten gestalten möchtest – es gibt definitiv eine App dafür!

Wenn du jedoch das erste Mal mit Shopify arbeitest, kann dich diese hohe Bandbreite an Apps verunsichern. Einen Fehler, welchen viele Anfänger machen, ist das

Überfüllen einer Webseite mit verschiedensten Applikationen und aufspringenden Zusatzfenstern. 70 - 80 % deiner Kunden werden mit ihrem Mobiltelefon shoppen. Werfe einen Blick auf den App Store, doch bleibe so minimalistisch wie möglich.

Im Folgenden liste ich dir sieben sinnvolle Apps auf, welche ich selbst auch auf meinen Webseiten integriere.

App #1: Print on Demand App

Durch eine einfache Verbindung deiner Print on Demand App mit deinem Onlineshop, kannst du automatisch Bestellungen deiner Kunden an deinen Print on Demand Anbieter wie Printful weiterleiten. Dieser kümmert sich um das Drucken deines Shirts und den Versand.

App #2: Product Reviews

Mit den Produktbewertungen von Shopify kannst du deinen Produkten Kundenbewertungen hinzufügen und zeitgleich das geschaffene Vertrauen in deinem Shop erhöhen. Außerdem bietet diese App Kunden die Möglichkeit, sich mit dir auszutauschen oder untereinander Fragen zu stellen.

App #3: Order Printer

Durch diese App kannst du schnell und einfach Rechnungen, Etiketten, Quittungen, Lieferscheine und vieles mehr drucken. Du kannst Vorlagen für jeden Bedarf anpassen und erstellen.

App #4: EU Cookie Banner

Mit dieser App kannst du Cookie-Benachrichtigungs-Banner zu deiner Webseite hinzufügen. Diese sind nach DSGVO zwingend notwendig! Installiere einfach die App und wähle das Farbschema und die Bildschirmposition aus, welche zu deinem Shop passt.

App #5: Lucky Orange

Mit Hilfe von dieser App kannst du identifizieren, warum du wirklich Tag für Tag deine Kunden verlierst. Ich nutze Lucky Orange für Kundenaufzeichnungen, welche mir genau zeigen, wie sich Kunden auf meiner Seite verhalten. Folglich kann man, ausgehend von diesen Aufnahmen, die Webseite für eine höhere Conversion-Rate optimieren.

App #6: Mailchimp for Shopify

Für all meine Shopify Shops benutze ich den E-Mail-Marketing-Anbieter Mailchimp, da dieser Hand in Hand mit Shopify kooperiert. (Mehr dazu im Kapitel „BONUS #2: E-Mail Marketing")

App #7: Oberlo

Neben Print on Demand halte ich für all meine Shops die Option des Dropshipping offen. „AliExpress" bietet eine perfekte Möglichkeit, um interessante Artikel aus fremden Ländern zu importieren und automatisiert zu verkaufen. Dropshipping ist nach demselben Businessmodell wie der Verkauf von T-Shirts aufgebaut.

Die einzige Unterscheidung für dich ist der Unterschied beim Beschaffen des Produkts. Statt ein Produkt designen zu lassen, kannst du die Weiten des Internets (vor allem: AliExpress) durchforsten und interessante Produkte in deinem Shop online stellen. Nachdem dieses Produkt verkauft wurde, kannst du über Oberlo eine Nachricht an den Händler senden, der das Produkt unter deinem Namen an den Kunden sendet. Beide Geschäftsmodelle haben Vor- und Nachteile. Die besten Resultate haben Klienten, indem sie sich primär einen Print on Demand Shop aufbauen und regelmäßig durch Dropshipping Produkte ergänzen. Dropshipping ist für angehende Onlinehändler ebenfalls eine interessante Geschäftsmöglichkeit.

11 PERSÖNLICHE EINLADUNG ZUM SHIRT MENTOR CAMP

Viel Geld zu haben kam mir, seitdem ich mit 17 Jahren von zu Hause ausgezogen bin, stets fremd vor. Ich wusste über die Jahre hinweg nicht, wie ich diese „Fähigkeit", viel Geld zu besitzen, erlernen kann. Ich reiste durch viele Länder der Welt und hatte stets die Geldnot in meinem Hinterkopf. Genauso habe ich Verständnis für die Familien, welche nicht genügend Geld verdienen, um finanziell frei zu sein, geschweige denn nach ihren Wünschen leben können. Dies ist eine Thematik, mit welcher ich mich seit Jahren beschäftige: Nicht jeder wird gleich geboren, doch es ist wichtig, das Beste aus der Situation zu machen.

Es ist nicht unsere Schuld, dass wir nicht wissen, wie man viel Geld verdient. Das Schulsystem lehrt uns keine Information über das Verdienen von Geld, geschweige denn Informationen über notwendige Steuern und alles was dahinter steckt. Ich habe acht Jahre das Gymnasium besucht und habe verschiedenste Werke von Goethe und Shakespeare gelesen, doch niemals eine Vorlesung über Geld verdienen bzw. Steuern erhalten. Falls du dieses Buch liest, wurdest du wohl, ähnlich wie ich, nicht unter den reichsten Bedingungen geboren.

Doch du bist daran interessiert, etwas an deiner Situation zu ändern und genau dabei möchte ich dir durch das Schreiben dieses Werkes helfen. Geld zu verdienen ist eine Fähigkeit und auch du kannst sie erlernen. Ich hätte es früher nicht für möglich gehalten, mein eigener Chef zu sein und gleichzeitig so viel Geld zu verdienen. Es war der schwierigste Weg, den ich gegangen bin, doch ich habe auf diesem Weg sehr viel gelernt und ich kann diesen Weg jedem ans Herz legen, der daran interessiert ist, finanzielle Freiheit zu erlangen. Da du dieses Buch bis zum Ende gelesen hast und wahrscheinlich sogar parallel dazu deinen ersten Shopify Shop online gestellt hast, möchte ich dir eine spezielle Einladung zu meinem „Shirt Mentor Camp" überreichen.

Die Idee zum „Shirt Mentor Camp" bekam ich beim Schreiben meines ersten Online Marketing Buches:

„Wie wäre eine Online Universität, welche vollständige Videokurse zum Thema Online Geld verdienen mit dem Verkauf von T-Shirts und Dropshipping anbietet, ohne dass mein Kunde dabei sehr viel Kapital und Zeit verliert? Dazu noch ausgestattet mit verschiedensten Videos über Social Media Marketing, Interviews, wöchentliche Neuigkeiten, und vieles mehr?!"

Klingt gut, dachte ich mir innerlich. Doch ich möchte noch etwas Spezielles hinzufügen. Wochenlang zerbrach ich mir den Kopf. Was ist das fehlende Puzzleteil, welches garantiert, dass meine Kunden erfolgreich im E-Commerce werden? Dann kam mir die Idee...

SHIRT MENTOR CAMP
6 WOCHEN ZUR FINANZIELLEN FREIHEIT

Das Shirt Mentor Camp ist deine Ausbildung zum E-Commerce Profi in genau 90 Tagen. Dich erwarten alle notwendigen Videos, die du zum Aufbau deines ersten erfolgreichen T-Shirt und Dropshipping E-Commerce Shops benötigst. Zusätzlich wird dir die Kunst von Facebook Marketing, Social Media Marketing, Verkauf und vielem mehr gelehrt.

An dieser Stelle möchte ich dir nicht zu viel verraten. Fakt ist, dass damit dein Erfolg in deinem ersten Shop und in allen weiteren garantiert ist. Schon vergessen? Dein Erfolg ist mein Erfolg! Unter diesem Link kannst du den aktuellen Status und die jeweilige nächste Anmeldefrist des Shirt Mentor Camps ansehen. Hiermit bist du herzlich eingeladen:

www.marketdesigns.de/shirtcamp

12 FAZIT

Hast du die Bergsteig Analogie noch im Kopf?

Du siehst die Spitze vor dir. Sie ist weit weg. Doch du weißt, sobald du geschafft hast, diesen Berg zu besteigen, erwartet dich pure Freiheit und eine Aussicht, von der du dein Leben lang geträumt hast. Du fühlst dich mächtig. Du fühlst dich stark. Das musst du auch. Ein langer Weg steht dir bevor...

Du musst auf deinem Weg nur wenige Dinge richtig machen und du wirst anfangen, online Geld zu verdienen. Bis zur Perfektion ist es ein langer Weg, doch sobald du anfängst, regelmäßig Produkte hochzuladen und diese mit Werbeanzeigen zu testen, hast du die wichtigste Arbeit bereits erledigt. Ich habe im Laufe der Zeit viele Leute kennengelernt, die mit diesem

Geschäftsmodell angefangen haben und entweder sehr erfolgreich geworden sind oder wieder aufgehört haben. Was unterschied die erfolgreiche Person von der anderen, die aufgehört hat?

Mache immer weiter.

Du darfst niemals aufgeben. Ich kann dir jetzt versprechen, dass deine Karriere nicht nur sonnige Tage haben wird, sondern auch anstrengend, nervenaufreibend und aussichtslos erscheinen kann. Doch der einzige Unterschied zwischen Erfolg und Niederschlag liegt in der Kontinuität. Hörst du auf, Produkte designen zu lassen und zu testen – oder nicht?

Versprich dir selbst (und mir), dass du Erfolg haben wirst.

Versprich es nicht nur mir, sondern versprich es dir selbst, dass du nichts anderes als Erfolg akzeptierst. Du hast dieses Buch bis zum Ende gelesen. Ich bin mir sicher, dass du gierig danach bist, finanzielle Freiheit zu erlangen. Notiere dir jetzt, warum du dieses Projekt angehen möchtest. Was ist dein persönliches „Warum?" Warum sollten so viele Leute da draußen ihr Traumleben leben können **und du nicht**? Strebe nach deinen Zielen. Lese in schwierigen Zeiten dein persönliches Warum durch.

Aufgabe #29: Persönliches Warum definieren und an info@aposvalley.de senden

Sende mir per Mail an info@aposvalley.de **dein persönliches Warum** zu. Ich werde jede Mail persönlich lesen und darauf antworten. Warum? In diesem Werk stehe nicht ich im Vordergrund, sondern du. Dein Erfolg ist mir wichtig und die Hauptintention dieses Werkes. Sobald du dein „Warum" mit einer anderen Person teilst, versprichst du nicht nur dir selbst, dass du nichts anderes als Erfolg akzeptierst, sondern auch mir.

Glaube an den Prozess.
Finanzielle Freiheit zu erlangen ist möglich und wird Tag für Tag von Millionen Menschen vorgezeigt. Wir genießen die Freiheit, dass wir uns für nur sehr wenig Geld weiterbilden können. Dies ermöglichen uns vor allem Mentoren, welche den gleichen Weg bereits gelaufen sind. Höre nicht auf, dich weiterzubilden und glaube an den Prozess. Um es in den Worten von Warren Buffett zusammenzufassen:

> „The more you learn, the more you earn."
> - Warren Buffett, Investor

Erfolg zieht noch mehr Erfolg an.
Dies ist die letzte Lektion. Sobald der erste Verkauf auf deiner Shopify App angezeigt wird, fängst du an, das Businessmodel zu verstehen und daran zu glauben. Am

Meisten habe ich für meinen ersten Shirt Verkauf gekämpft, obwohl ich zuvor schon andere Artikel online verkauft hatte! Ich habe sogar eine Zeit lang daran gezweifelt, dass ich meinen ersten T-Shirt Verkauf überhaupt noch erziele. War mein Shop perfekt? Absolut nicht! Das Design war nicht gut, das Logo bestand aus einer Wordschrift und meine Versandeinstellungen waren nicht richtig eingestellt. Ich erhielt eine Nachricht von einer Dame, die gerne etwas in meinem Shop bestellen würde. Sie bekäme jedoch die falschen Versandinformationen angezeigt. Ich überprüfte das, beseitigte den Fehler und antwortete ihr. Stunden später erhielt ich eine Benachrichtigung auf meinem Handy angezeigt. Ich würde dir gerne das Gefühl beschreiben, aber ich möchte, dass du es ohne Vorkenntnisse am eigenen Leib erfährst. Für Fragen stehe ich dir jederzeit zur Verfügung.

Dein Apo Svalley

<u>www.aposvalley.de/erstersell</u>

„Kopf runter und durch bis zum ersten Verkauf. Der erste Sell ist der schwierigste. Danach wird es einfach."

BONUS #1:
WIESO MACHE ICH NICHT MEINEN ERSTEN SELL?

Aufgabe #30: Webseite optimieren für den ersten Sell

Da der erste Sell der schwierigste Verkauf ist, schließe ich noch ein kostenloses Bonuskapitel am Ende des Buches an. Falls du keinen ersten Verkauf erzielst, blättere auf diese Seite zurück und lies dir jeden Punkt in Ruhe durch. Wo liegt dein Fehler?

Fehlendes Kundenvertrauen in deinen Onlineshop

Der erste Eindruck zählt! Deine potentiellen Kunden sehen die Werbeanzeige deines Unternehmens über Facebook. Insofern du noch keine Marke aufgebaut hast, gelangen sie auf die Webseite und das Erste, was ihnen auffällt, ist das Farbschema und dein Logo. Kombiniere dein Farbschema mit deiner Nische, sodass unterbewusst eine Verbindung entsteht. Bezahle im weiteren Schritt einen professionellen Designer zur

Herstellung eines Logos. Dies kostet zwischen 20 - 50 €. Außerdem kannst du in den Header eine Telefonnummer oder E-Mail-Adresse einfügen. Dadurch bekommen Kunden das Gefühl, nach ihrer Bestellung jederzeit Kundensupport erhalten zu können. Eine ausführliche FAQ-Seite erhöht außerdem die Conversion-Rate.

Werbeanzeigen werden zu früh gecuttet
Dieser Punkt wird zum zweiten Mal erwähnt. Viele Anfänger machen den Fehler, dass sie wenige Euros in eine Werbeanzeige investieren und daraufhin enttäuscht sind, dass kein Verkauf zu Stande gekommen ist. Habe realistische Erwartungen an deine Werbeanzeige. Mit 5 € Marketingbudget pro Tag wirst du keine hohen vierstelligen Umsätze erzielen können.

Unattraktive Designs: Klasse statt Masse!
Da viele Anfänger bei ihren Designs versuchen, Geld einzusparen, sehe ich in verschiedensten Onlineshops oftmals sehr viele, aber dafür qualitativ sehr schlechte und einfallslose Designs. Hier zählt Klasse statt Masse. Nach einer intensiven Markt- und Nischenrecherche benötigst du keine 4000 hochgeladenen Designs für einen Gewinn von 1000 € monatlich. (Diese Zahl habe ich erst heute in einem YouTube Video gesehen!)

Keine konsequenten Uploads

Ein weiterer Fehler ist die fehlende Disziplin beim konsequenten Uploaden von neuen Designs. Dein Geschäft lebt von deinen Produktdesigns. Sobald du aufhörst, neue Produkte zu veröffentlichen bzw. deinen Arbeitsplan nicht mehr einzuhalten, wird der erste Sell Tag für Tag weiter in die Ferne rücken. Baue dir ein Arbeits-Momentum auf und setze dir am Anfang der Woche ein Ziel, wie viele Produkte du während der Woche veröffentlichen möchtest.

Ungenaues Targeting

Sobald all die möglichen vorangegangenen Fehler behoben worden sind, kann es nur noch am Targeting liegen. Hierzu habe ich diesem Buch ein komplettes Kapitel gewidmet. Es ist wichtig, dass du über deine Facebook Werbeanzeigen die richtige Zielgruppe für deine Werbeanzeigen anvisierst. Bevor du ein Produkt designen lässt, stelle dir bildlich vor, wie dein potentieller Käufer aussieht. Als ich das Shirt in Auftrag gegeben habe, welches später meinen ersten Sell machte, änderte ich etwas an meinem Arbeitsablauf: Bevor ich das Shirt designen lies, malte ich mir genau aus, wie mein potentieller Kunde aussieht. Ich ging sogar so weit und benutzte die Bildersuchanfrage von Google, um mir ein mögliches Bild von meinem Kunden zu machen. Nach zwei Überarbeitungen von meinem Designer, erhielt ich die finale Datei. Ich war mir sicher, dass dieser Spruch in Kombination mit der Farbe sich an diese Zielgruppe verkaufen würde. Ich stellte die Werbeanzeige online und nach einem Tag erhielt ich die Benachrichtigung auf mein Handy: Zwei verkaufte Pullis im Wert von 67,88 €. Nachdem ich durch diesen Prozess meinen ersten Sell erzielte, wiederholte ich das Prozedere für meine restlichen Shirts. Langsam verstand ich das Geschäftsmodel. Langsam verstand ich, Online Marketing richtig anzuwenden. Ich machte anfangs viele Fehler. Du musst nicht gut sein, um zu starten, doch du musst starten, um irgendwann gut zu sein.

BONUS #2:
E-MAIL MARKETING

Aufgabe #31: Versenden der ersten Mailkampagne

E-Mail-Marketing ist eine der ältesten Online Marketing Methoden und zeitgleich immer noch eine meiner Favoriten. Obwohl Social Media Marketing Methoden unglaublich lukrative Methoden sind, ist E-Mail-Marketing immer noch ein „must-do" für jeden Marketer. Je größer deine Mailliste an Kunden ist, desto größer ist dein monatliches Einkommen. Durchschnittlich erhält ein Marketer monatlich 2 - 4 € pro qualitativ hochwertiger E-Mail in seiner Liste, insofern er regelmäßig interessante Mails versendet.

Beispiele für Mailingkampagnen sind „Produkte der Woche", „Neue Produkte im Shop", „Bestsellerlisten", „VIP Produkte für deine besten Kunden" oder „Empfohlene Produkte".

Vorteile von Mailchimp

Auf dem Markt gibt es über hunderte Anbieter. So stellt sich die Frage: „Welchen Anbieter wähle ich?". Ich benutze für verschiedene Unternehmen basierend auf deren Codierung und Plattform verschiedene Anbieter. Jedoch benutze ich für all meine Shopify Stores die Mailchimp Integration und Software, die stets vom Programmierteam aktualisiert wird. Der Service von Mailchimp ist für deine ersten 2000 Personen in deiner E-Mail Liste kostenlos. Außerdem hast du nicht nur die Wahl, zwischen vorgefertigten Templates dein Wunschdesign auszuwählen, sondern kannst darüber hinaus durch Analyse und Reporttools die Effektivität deiner Kampagnen ansehen.

BONUS #3:
GESCHÄFTSKONTO, STEUERN UND
GEWERBEANMELDUNG

Aufgabe #32: Geschäftskonto einrichten
Geschäftskonto

Du benötigst unbedingt ein Geschäftskonto. Verliere niemals den Überblick über deine privaten und geschäftlichen Finanzen! Dies erleichtert dir die Berechnung deines monatlichen Einkommens und außerdem die Arbeit bei deiner Steuererklärung. Am Anfang meiner Karriere benutze ich mein alltägliches Girokonto für sämtliche Arten von Bezahlungen. Schnell verlor ich den Überblick und mein ganzes Geschäft geriet durcheinander. Ich organisierte ein Treffen mit meiner Bank für die Kreierung eines Geschäftskontos.

Vor Ort verlangten sie von mir eine monatliche Gebühr von 30 € und 1 - 5 % Gebühren pro Zahlung. Daraufhin suchte ich zu Hause nach Alternativen und fand eine Reihe von Geschäftskonten, welche man kinderleicht online eröffnen kann. Hierbei stoß ich auf ein Geschäftskonto, welches vollständig online gesteuert werden kann, kinderleicht zu bedienen und vollständig kostenlos ist. Sei es für die Eröffnung oder für Transaktionen. Da ich dieses Buch stets „Up-to-date" halten möchte, habe ich eine externe Seite für diese Thematik gemacht, welche du unter folgendem Link findest.

www.aposvalley.de/Bank

Gewerbe und Steuern

Du benötigst früher oder später für deine Shops eine Gewerbeanmeldung. Ich kümmere mich liebend gern um die Umsätze meiner Unternehmen und kreiere neue Produkte, Daten und Pläne. Doch ich bin nicht bereit, mich monatlich stundenlang vor meine Umsätze zu setzen und jeden einzelnen Steuerpunkt zu berücksichtigen. Aus diesem Grund habe ich, besonders nachdem ich die Grenze meines Kleingewerbes durchbrochen habe, die Dienste eines Steuerberaters beantragt. Im Folgenden erhältst du die nötigsten Tipps. Doch denke daran, dich stets mit einem Steuerberater in Verbindung zu setzen, da jede steuerliche Situation verschieden ist.

Die Vorteile eines Kleingewerbes am Anfang der Karriere

„Möchten Sie ein Kleingewerbe anmelden?" – Ich kreuzte „Ja" an, ohne zu wissen, welche Vor- und Nachteile ich durch diesen Haken erhielt. Ich habe es bereits früher nicht gemocht, mich um meine Steuern zu kümmern. Ich wollte meine ganzen Kapazitäten für die Kreierung von Umsätzen einsetzen. Doch welche Vorteile bietet ein Kleingewerbe und ist dies überhaupt sinnvoll? Wer sich für das Anmelden eines Kleingewerbes entscheidet, geht weniger Risiken ein als ein Gründer im Hauptgewerbe, der alles auf eine Karte setzt. Ein Vorteil dieser Konstellation ist, dass du weiterhin deine Sozialversicherung von deinem hauptberuflichen Arbeitgeber erhältst.

Ein Kleingewerbe bietet für den Anfang zeitliche Flexibilität und verschafft die benötigte Zeit, um das ganze Geschäftsmodell kennenzulernen. Sobald der Umsatz eines Unternehmens im Vorjahr nicht höher als 17.500 Euro liegt und im laufenden Jahr 50.000 Euro nicht übersteigt, darf die Kleinunternehmerregelung in Anspruch genommen werden. Somit müssen keine Umsatzsteuer, Gewerbesteuer oder andere Unternehmenssteuern gezahlt werden. Achtung: Facebook und Google stellen Rechnungen ohne MwSt. aus, da diese Unternehmen davon ausgehen, dass Unternehmer die zusätzlichen Prozentanteile sofort in ihre Steuererklärung miteinbeziehen. Da du jedoch als

Kleinunternehmer keine Mehrwertsteuer zahlen musst, zahlst du auf die Social Media Werbung zusätzliche Steuern und kannst diese nicht von deinen Umsätzen abziehen. (Und ja, diesen Fehler machte ich anfangs auch!)

Obwohl die Kleinunternehmerregelung Vorteile mit sich bringt, hast du ebenfalls Nachteile. Jeder Fall muss individuell betrachtet werden und ich empfehle dir, dich mit einem Steuerberater in Verbindung zu setzen und deine persönliche Situation auszudiskutieren.

BONUS #4:
GELD REINVESTIEREN – DAS „DNT" KONTO

Aufgabe #33: „DNT-Konto" einrichten und profitabel investieren

Sobald du alle Anweisungen in diesem Buch umsetzt, fängst du langsam an, zusätzliches Einkommen aufzubauen, welches du individuell benutzen kannst. Durch die Lektüre eines Werkes kam ich in jungen Jahren auf die Idee, ein Bankkonto zu erstellen, auf welches ich monatlich Geld einzahle. Dieses benutze ich danach lukrativ für die Kreierung meines Unternehmens oder Investitionen. Aus diesem Grund kreierte ich ein Konto, welches ich „Do-Not-Touch (DNT) Konto" taufte. Jeden Monat zahle ich einen gewissen Betrag auf dieses Konto ein und fasse dieses Geld auf keinen Fall an -

nicht für schwere Zeiten, nicht für den Kauf meines neuen Autos, Urlaubs oder Sonstigem. Dieses Geld gilt einzig und allein einem Ziel: Richtige und lukrative Investitionen tätigen, sobald die Zeit dafür kommt!

Schmerzhaft ist es, eine Investitionsmöglichkeit zu sehen, welche man aufgrund von zu wenig Kapital nicht wahrnehmen kann. Insofern du durch dein neues Unternehmen monatlich „nur" 1000 € auf dieses Konto überweist, ergibt dies innerhalb von 12 Monaten ein Investitionskapital von 12.000 €. Ich habe im Frühling 2017 eine Investition von 8,910 Euro in Ether (Kryptowährung) getätigt, welche mir bis dato einen Gewinn von über 705 % erbrachte. Dies war nur eine von vielen Investitionsmöglichkeiten, welche das Jahr 2017/2018 mit sich brachte. Einerseits ist es wichtig, Geld zu verdienen (Cashflow), doch andererseits kannst du dein Einkommen weiter ausbauen, indem du lukrative Nebeneinkommen besitzt (Investments). Nachdem du deinen ersten Umsatz mit deinen Online Shops erzielt hast oder bereits wenige hunderte von Euros zum Investieren bereit hast, empfehle ich dir, systematisch ein „DNT-Konto" zu gründen, dir Informationen zum Investieren zu beschaffen und deine ersten monatlichen Investments zu tätigen.

ALLE AUFGABEN AUF EINEM BLICK

Aufgabe #1:
Brainstorming von Nischen

Aufgabe #2:
Potentielle Zielgruppengröße testen

Aufgabe #3:
Nischenauswahl

Aufgabe #4:
Online Shop erstellen

Aufgabe #5:
Online Shop designen

Aufgabe #6:
Wichtige Einstellungen

Aufgabe #7:
Druckpartner auswählen

Aufgabe #8:
Shopify App Integration herunterladen

Aufgabe #9:
Genaue Kalkulation von Herstellungskosten und erzieltem Gewinn

Aufgabe #10:
Attraktive Designs in deiner Nische recherchieren

Aufgabe #11:
Veröffentlichung deiner ersten Jobanzeige

Aufgabe #12:
Designer einstellen

Aufgabe #13:
Erstes T-Shirt hochladen

Aufgabe #14:
Verfassen einer überzeugenden Produktbeschreibung

Aufgabe #15:
Facebook-Fanseite kreieren

Aufgabe #16:
Facebook-Werbekonto erstellen

Aufgabe #17:
Erste Facebook-Werbeanzeige schalten

Aufgabe #18:
Identifikation der potentiellen Käufer einer Nische

Aufgabe #19:
Installation des Facebook Pixels

Aufgabe #20:
Analyse deiner laufenden Werbeanzeigen nach Szenario #1, Szenario #2 und Szenario #3

Aufgabe #21:
Skalieren oder Deaktivieren deiner Werbeanzeige

Aufgabe #22:
Vier Custom Audiences erstellen

Aufgabe #23:
Vier Lookalike Audiences erstellen

Aufgabe #24:
Vertikales Skalieren deiner Werbeanzeigen

Aufgabe #25:
Horizontales Skalieren deiner Werbeanzeigen

Aufgabe #26:
Skalieren nach Kampagnenziel

Aufgabe #27:
Erstellen einer FAQ-Seite

Aufgabe #28:
Download von wichtigen Apps

Aufgabe #29:
Persönliches Warum definieren und an
info@aposvalley.de senden

Aufgabe #30:
Webseite für den ersten Sell optimieren

Aufgabe #31:
Versenden der ersten Mailkampagne

Aufgabe #32:
Geschäftskonto einrichten

Aufgabe #33:
„DNT-Konto" einrichten und profitabel investieren

ALLE LINKS AUF EINEM BLICK

Skalierungstabelle zum Download
www.aposvalley.de/Skalierung

Druckpartner auf einem Überblick
www.aposvalley.de/podpartner

Tool für die Designrecherche
www.aposvalley.de/teespy

Alle Bücher von Apo Svalley auf einem Blick
www.aposvalley.de/buecher

„Kryptowährungen Investment Bibel"
www.aposvalley.de/KryptoBibel

Motivation für deinen ersten Sell
www.aposvalley.de/ErsterSell

Die Designer von Apo Svalley beauftragen
www.marketdesigns.de

Einladung zum Shirt Mentor Camp
www.marketdesigns.de/shirtcamp

Social Media Apo Svalley - Facebook/Instagram/YouTube
@aposvalley

ANERKENNUNGEN

Das erste Mal wurde mir mit 18 Jahren bewusst, dass ich so schnell wie möglich Verantwortung über meine finanzielle Freiheit übernehmen muss. Zu dieser Zeit arbeitete ich wochenlang auf Palma de Mallorca, Spanien. Zum Anfang meines 20. Lebensjahres entschied ich mich dazu, mich vollständig auf Online Marketing zu konzentrieren. Ich denke manchmal an meine 1-Zimmer Wohnung in München. Ich erinnere mich an sehr viele positive und auch anstrengende Tage zu dieser Zeit – nicht weil ich finanzielle Probleme hatte, sondern viel mehr die Tatsache, dass ich mir selbst zu viel Druck machte und nicht entspannen konnte, bevor ich ein spezifisches Ziel erreicht hatte. Ich danke besonders meinen Eltern, die mich auf diesem Weg tatkräftig unterstützt haben, auch wenn sie das eine oder andere Mal die Hoffnung an meine Karriere aufgegeben haben (besonders als ich jahrelang im Ausland lebte). Ohne euch wäre ich nicht in der Situation, nun anderen Menschen zu helfen. Ähnlich wie Arnold Schwarzenegger möchte ich mich ebenfalls bei all meinen Mentoren bedanken, die mich auf meinem Weg im Online-Marketing unterstützt haben. Dazu zählen vor allem Tai Lopez, Gary Vaynerchuck und Grant Cardone. Ihr seid eine große Inspiration für mich.

ÜBER DEN AUTOR

Apo Svalley ist ein deutscher Online Marketer, YouTuber und Businessautor. Sein Coaching spezialisiert sich in erster Linie darauf, Privatpersonen und auch Unternehmen in den Bereichen Online-Marketing, profitable Investments und finanzielle Freiheit auszubilden. Nachdem Apo jahrelang stets unter Geldnot die Welt bereiste, entschied er sich im Alter von 20 Jahren seine unternehmerischen Gedanken Realität werden zu lassen. Seitdem gründete und verkaufte er verschiedene Online-Unternehmen, darunter eine Marketingagentur und diverse Online-Shops.

„Meine Anfangszeit war geprägt voller Enttäuschungen! Ich bin kein Genie – ich bin nur ein Mann, der alle möglichen Fehler gemacht hat, die du dir überhaupt vorstellen kannst und doch habe ich nie aufgegeben. Ich habe volles Verständnis dafür – Ja, es motiviert mich sogar - wenn eine Person nach der eigenen finanziellen Freiheit strebt. Geld zu verdienen wird uns leider nicht in der Schule gelehrt. So ist es nicht unsere Schuld, dass wir jahrelang nicht die gewünschten Ziele erreichen, die wir uns vornehmen. Ich habe mir nach meiner finanziellen Freiheit die Aufgabe gemacht, den Menschen etwas zurückzugeben und Interessierte in diesem Bereich zu coachen."